떠나고
싶은

순간들

떠나고 싶은 순간들

발행일	2025년 9월 19일
지은이	권경희, 권세라, 김찬송, 박미경, 복기령, 신혜숙, 양정회, 유향은, 이지은, 홍순옥
펴낸이	손형국
펴낸곳	(주)북랩

출판등록 2004. 12. 1(제2012-000051호)
주소   서울특별시 금천구 가산디지털 1로 168, 우림라이온스밸리 B동 B111호, B113~115호
홈페이지 www.book.co.kr
전화번호 (02)2026-5777   팩스   (02)3159-9637

ISBN   979-11-7224-809-3 03810 (종이책)   979-11-7224-810-9 05810 (전자책)

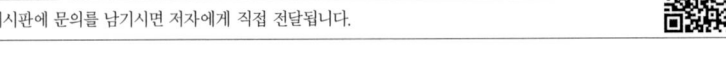

작가 연락처 문의 ▸ ask.book.co.kr

전용 게시판에 문의를 남기시면 저자에게 직접 전달됩니다.

(주)북랩 성공출판의 파트너

북랩 홈페이지와 SNS에서 다양한 출판 솔루션을 만나 보세요!

홈페이지 book.co.kr   •   **블로그** blog.naver.com/essaybook   •   **출판문의** text@book.co.kr

카톡채널 북랩

내가 사랑한 여행 ····

떠나고
싶은
순간들

권경희
권세라
김찬송
박미경
복기령
신혜숙
양정회
유향은
이지은
홍순옥

북랩

들어가는 글

2023년 11월, 푸켓 여행지에서 정원희 작가로부터 작은 메모 수첩을 받았습니다. 그 수첩에는 '나는 ○○○ 작가입니다. 글 쓰는 사람들'이라고 쓰여 있었습니다. 나는 ○○○에다 '복기령'이라고 제 이름을 적어 보았습니다. 언젠가 글을 써 봐야지 하며 막연한 생각만 가슴에 품었습니다. 집에 돌아와 그 수첩을 거실 탁자에 올려놓았습니다. 거실을 왔다 갔다 할 때마다 그 수첩이 자꾸만 눈에 들어왔습니다.

그러던 중 정원희 작가를 다시 만나 글쓰기 얘기가 오고 갔습니다. 그러다가 제가 살아온 인생 얘기까지 하게 되었습니다. 글을 써보는 게 좋겠다는 말에 선뜻 용기가 나질 않았습니다. 두려운 생각이 들었습니다. 하지만 두려움을 이겨내는 것이 성장의 시작이라는 생각이 들어 용기를 내보기로 했습니다. 그렇게 시작한 글이 열 명의 작가와 함께 쓴 『여기까지 참 잘 왔다』입니다. 이 글을 쓰면서 나를 되돌아보게 되었고, 한 단계 성장하는 계기가 되었습니다. 또 마음 깊숙이 남아있던 상처들이 하나둘 치유가 되는 걸 느끼게 되었습니다. 첫 출판 기념회에서 가족과 지인들이 달려와 축하해 주었습니다. 그 축복 속에서 저는 무한한 행복과 껑충 성장한 나 자신을 발견할 수 있었습니다. 어떤 어려운 일이 닥쳐도 모두 헤쳐 나갈 수 있는 자신감도 생기게 되었습니다. 그 후 매일 하루 한 줄의 글을 쓰며, 자신을 다독이고 싶은 사람들과 함께 글로 위로받는 삶을 꿈꾸게 되었습니다.

챌린지를 통해 『21가지 작은 실천으로 나를 만드는 시간』과 『다산에게 배우는 삶의 지혜』라는 전자책을 출간하게 되었습니다. 이러한 책을 쓰면서 어떻게 사는 게 진정 행복한 삶인가를 생각하게 되었습니다.

버킷리스트를 작성해 나만의 여행을 하기로 했습니다. 출사 여행을 다니며 내 안의 '쉼'을 발견할 수 있었고, 새로운 공간에서 만난 햇살, 바람, 사람들은 지친 나의 마음을 다독여 주었습니다. 여행은 휴식이자 회복이라는 걸 깨닫게 되는 시간이었습니다. 내가 만난 풍경과 감성, 그리고 그 안에서 피어난 작은 변화를 진솔하게 담고 싶었습니다. 공저에 참여하게 된 이 글은 그런 마음에서 시작되었습니다.

내가 사랑한 여행, 『떠나고 싶은 순간들』. 이 책은 열 명의 작가가 각자의 여행 경험을 통해 느낀 진솔한 이야기를 담고 있습니다.

권경희, 권세라, 김찬송, 박미경, 복기령, 신혜숙, 양정회, 유향은, 이지은, 홍순옥 작가들은 각각 다른 배경과 관점을 가지고 있지만, 여행에 대한 사랑이라는 공통된 마음으로 이 책을 함께 만들어 주었습니다.

여행은 우리가 일상에서 벗어나 새로운 세계와 만나는 특별한 경험입니다. 그 순간들은 때로는 계획되지 않은 모험이 되고, 때로는 평생 잊지 못할 소중한 추억이 됩니다. 이 책은 총 제4장으로 구성되어 있습니다.

제1장 '길 위에서 만난 인연'에서는 여행 중 만난 특별한 사람들과의 이야기를 통해 인간관계의 소중함을 되새겨 봅니다. 태국의 사노 스님과의 동행, 나의 미래를 그려보게 했던 할아버지들, 또 열네 번의 여행을 같이한 단짝 친구 이야기, 딸이 여행 굿 파트너라고 말하는 작가, 낯선 곳에서 만난 인연으로 새로운 것에 대한 도전 이야기, 그리고 장애인 동생과 함께한 여행에서 동생을 조금 더 이해하게 됐다는 이야기 등 여행지에서 만난 인연들이 우리 인생에 어떤 의미를 가져다주는지 살펴볼 수 있습니다.

제2장 '예상치 못한 모험'은 여행의 예측 불가능한 매력을 보여줍니다. 유럽 4월의 아찔한 기억부터 한 통의 전화로 시작된 엄청난 모험, 또 외국에서의 생활로 언어장벽과 문화적 차이를 극복하며 자신감을 얻게 되었다는 이야기, 예상치 못한 위기 상황을 더 좋은 기회로 받아들인 이야기까지, 위기나 계획에 없던 순간들이 왔을 때 어떻게 위기를 극복하게 되었는지 알 수 있습니다, 또 위기를 극복하며 얻은 큰 기쁨이 우리에게 어떤 감동과 교훈을 주는지 느낄 수 있습니다.

제3장 '여행의 물건'에서는 여행을 함께한 작은 물건들이 담고 있는

큰 의미를 들여다봅니다. 꼬마 우체부가 배달하는 여행 엽서부터 중고 카메라, 비상약과 화투, 여행지와 어울리는 음악까지, 평범해 보이는 물건들이 어떻게 특별한 추억거리가 되는지 알아봅니다.

마지막 제4장 '내 인생 최고의 여행지'에서는 열 명의 작가가 꼽은 최고의 여행지와 그 이유를 만나볼 수 있습니다. 처음 남편과 함께한 크루즈 여행과 세상에서 가장 큰 거울 같은 소금사막, 그리고 친정엄마와의 추억까지, 장소보다는 함께한 사람과 그 순간의 감정이 여행지를 특별하게 만든다는 것을 알게 됩니다.

이 책은 단순한 여행 이야기가 아닙니다. 여행지에서 만나는 크고 작은 순간들, 그리고 그 순간들이 우리에게 주는 깨달음과 마음을 다독이는 이야기입니다. 열 명의 작가가 들려주는 여행 이야기들을 모두 읽고 나면, 여행이란 단순히 다른 장소로 이동하는 것이 아니라는 걸 깨닫게 됩니다. 그것은 우리들 마음속에 있는 문을 열고, 삶을 더욱 풍요롭게 만드는 특별한 경험임을 알 수 있습니다.

이 여행 이야기들이 독자 여러분에게도 '떠나고 싶은 순간'을 찾게 되기를 바랍니다. 그리고 언젠가 여러분만의 특별한 여행 이야기를 만들어갈 때, 이 책이 작은 영감이 되기를 진심으로 희망합니다. 여행은 목적지에 도착하는 것이 아니라, 그 여정 자체가 큰 의미를 주고 있습니다. 이 책과 함께 여러분만의 소중한 여행을 시작해 보길 바랍니다.

끝으로, 포기하지 않고 끝까지 함께 한 공저자들 덕분에 여기까지 올 수 있었습니다. 공저자들에게 큰 박수를 보냅니다. 그리고 잘 마무리할 수 있도록 처음부터 끝까지 지도해준 정원희 작가에게 감사한 마음을 전합니다.

2025년 7월
복기령

차례

3장 여행의 물건

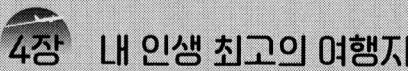

4장 내 인생 최고의 여행지

1장

길 위에서
만난 인연

여행은 고마움에
빚을 갚는 따뜻한 선물

(권경희)

전생에 내 부모였을까? 언니는 나보다 8살이 더 많다. 나는 중학교 1학년 때 경북 봉화에서 대구로 전학을 왔다. 다락방이 있는 자취방에서 언니와 함께 지냈다. 언니의 월급은 고스란히 생활비로 다 썼다. 시골에서 보내주는 돈만으로는 부족했다.

중학교 2학년 2학기 중간고사 시험 기간이었다. 시험 공부 하다가 졸려서 마당으로 나갔다. 밤 열한 시쯤이었다. 캄캄한 어둠 속에 수돗가 쪽에서 소리가 났다. 언니인 것 같았다. 언니를 부르며 수돗가 쪽으로 다가갔다. 빨간 플라스틱 목욕통 양동이에 빨래하고 있었다. 우리 방에서 창밖으로 새어 나온 형광등 불빛이 빨래하는 언니를 비춰주고 있었다. 통 안에는 검은 핏빛의 물이 보였다. 그 속에 하얀색 천이 보였다. 모아두었던 나의 피 묻은 면 생리대였다. 뜨거운 물 부어 불려 놓은 생리대를 헹구고 있었다. 세 집이 공동으로 사용하는 곳이었다. 사람들이 잠든 시간에 내 생리대를 빨고 있었던 것이었다. 나는 비린 냄새에 두 손으로 코를 막았다. 언니는 나에게 어서 들어가 시험공부

하라고 했다. 사서 쓰면 되는데 왜 이렇게 힘들게 하냐고 물었다. 언니는 깨끗이 세탁해서 햇볕에 말리는 것이 가장 위생적이라고 했다. 나는 그런 이유인 줄로만 알았다. 중학교를 졸업할 때쯤 알았다. 언니는 그렇게 해서라도 돈을 아꼈다.

언니 결혼 후에는 언니 부부의 신혼집 옆에 방을 얻어 한 집같이 생활했다. 넉넉지 않은 형편이었다. 틈틈이 부업한 돈으로 용돈 하라며 눈 찡긋하며 주머니에 넣어 주었다. 그렇게 언니와 세월을 보냈다.

아이 둘 낳고 큰애가 열한 살 때, 작은아이가 다섯 살 때 일을 시작했다. 남편이 도와주기는 했지만, 아이들 키우고 집안일까지 해내기는 힘들었다. 언니에게 부탁했다. 조카 둘은 대학생이었다. 언니는 시간적인 여유가 있었다. 내 부탁에 바로 도와주겠다고 했다. 진형이와 예슬이를 돌봐주며 집안 살림을 맡아 해주었다. 덕분에 일에만 전념할 수 있었다. 언니의 도움으로 내 아이들이 대학교에 들어갈 때까지 큰 어려움 없이 잘 보냈다. 언니는 열다섯 살 때부터 나의 보호자였고 내 아이들까지 자라는 동안 나보다 더 많이 돌봐주었다. 나에게는 언니이자 엄마 같은 존재다. 두 아이가 대학교 다니게 되면서 우리 집 살림살이는 언니 도움 없어도 되었다. 그때 언니랑 함께 여행할 수 있는 기회가 왔다. 시간과 경제적인 여유가 생기면서 언니에게 무엇으로든 보답하고 싶다는 생각을 늘 하고 있었다. 그것이 여행이 될 거라고는 생각하지 못했었다. 여행클럽의 운영자가 되면서 우리가 함께 여행하게 되었다.

8년 전부터 일 년에 두 번은 함께 여행하고 있다. 껌딱지처럼 비행기

좌석은 언제나 내 옆자리다. 호텔에 도착해 방에 들어가자마자 큰 가방을 끌고 룸에 들어 와서는 침대 위에 벌러덩 누워서 말한다.

"이 호텔도 정말 좋네. 매번 너 아니면 어떻게 이런 곳 와보겠니." 여행 갈 때마다 고맙다는 말을 몇 번이고 한다. "내가 더 고맙지." 아무 말 없이 언니 손을 잡았다.

같은 대구에 살아도 뭐가 그리 바쁜지 밥 한번 같이 먹기 어렵다. 집안일 도와줄 때도 내가 출근하면 언니는 집에 왔다. 퇴근하고 들어가면 가고 없다. 엄마가 시골에서 올라오는 날은 함께 밥을 먹으면서 잠깐 보는 게 전부였다. 여행을 가면 우리는 늘 붙어있다. 같이 밥 먹고, 같이 산책하고, 같은 방에서 잠든다. 언니가 내게 해준 만큼 다 하지는 못하지만 조금씩 보답하는 마음으로 함께 보낸다. 내가 언니를 더 챙기려고 애쓴다. 여행에선 내가 보호자가 된다.

여행 가서 언니랑 이야기하는 시간이 좋다. 어린 시절 이야기로 시간 가는 줄 모른다. 내 아이들 클 때 이야기도 언니가 들려준다. 내가 함께하지 못한 많은 시간에 언니가 늘 옆에 있어 든든했다. 아이들의 인성 형성에 많은 도움을 주었다. 그간 바쁘다는 핑계로 하지 못했던 이야기들을 쏟아낸다. 우리의 이야기는 끝이 없다. 엄마 이야기에 같이 눈물 흘리고 닦아주고 한다.

"엄마랑 셋이 여행 다니면 정말 좋았겠다."
"그러게, 뭐가 그리 바빠 빨리 떠났을까?"

둘 다 잠시 말이 없다. 따뜻한 액체가 귓불로 흐른다. 손등으로 쓱 닦고 두 집 아이들 이야기에 울고 웃으며 하품하면서 끝이 나질 않았다. 내일 투어 나가야 하니 자자. 전등 스위치를 눌렀다. 이런 시간들을 보내며 함께 할 수 있어서 고마운 마음을 조금이라도 갚는 거 같아 좋다.

엄마와 못 다닌 여행의 아쉬움을 달래며 언니와 더 많이 다녔다. 일 년에 두세 번 동생과 여행 다니는 걸 보고 언니 지인들은 동생 좀 빌려달라고 한다며 하얀 이를 보이며 얼굴이 안동 하회탈이 되었다.

"세상에 하나뿐이라 줄 수 없다고 했어." 그렇게 말하는 언니는 순간 귀여웠다.

다음부터는 두 손 꼭 잡고 와서 여행의 룸메이트로 함께 여행하며 남은 빚을 갚아야겠다. 23년 1월 중동 크루즈 계획했다. 함께 가자고 했다. 한번 갔다 왔다고 안 간다고 했다. 두바이에서 맛난 양고기를 먹을 때 모스크 서원에서 히잡을 쓰고 사진 찍을 때도 두바이 몰 옆 4박 5일 지내면서 아침 두바이 몰 분수대를 혼자 뛰면서 걷는 것을 좋아하는 언니가 더 생각났다. 동생 덕에 여기서 현지인처럼 며칠 동안 살아 보네 하며 좋아했을 텐데.

우리와 네 번의 여행을 같이했던 박설아 언니는 "70 되도록 많은 자매를 봤어. 나도 언니 동생이 있지만 비비 같은 자매는 처음 보네." 미소가 가득한 얼굴로 말해주던 기억이 났다. 언니와 함께한 여행을 글로 쓰고 있다고 했더니 메시지를 보내주었다. '몇 번의 크루즈 여행길에서 특별한 자매를 만났다. 나에게 놀라움으로 다가온 것은 그 자매의 동생이 언니를 끔찍이 챙긴다는 사실이었다. 나는 물었다. 어쩌면 그렇게도 살갑고 다정할 수 있냐고 자신에겐 엄마 같은 존재라는 얘기에 다소 이해가 되었다. 함께 해외여행 한 적 없는 우리의 자매들을 돌아보게 하는 소중한 여행길이었다.' 엄마 같은 언니를 남겨 놓고 일찍 떠난 엄마를 오늘 밤 꿈에서 만나면 좋겠다.

언니에게 전화했다. 언니는 어제 뜬눈으로 밤을 보냈다고 했다. 왜 잠을 못 잤어? 너 때문에. 왜 나 때문이야? 네가 어제 왼팔과 손이 저리다고 해서 "어떻게든 일을 좀 줄여야 해." 했던 언니의 말이 생각났다. 아이고 별스럽다 했더니 "뭐가 별스러워 내게 기둥 같았구먼. 엄마 아버지보다 더." 그 말에 코끝이 찡했다. 차 창밖 파란 하늘에 하얀 구름이 흐리게 보였다. 예전에 내가 조금 몸살기만 있어도 예슬이를 언니 집으로 데려가 재웠다. 본인 갑상선암 수술을 할 때도 아픈 건 내가 다 할 거니 넌 아프지 말라고 했다. 어제 박 서방이랑 싸웠어. 말하면 끝까지 듣지도 않고 무조건 내 편을 들어 주었다. 무조건 지지하고 잘한다며 토닥여 주는 언니가 없었다면 여기까지 일을 계속할 수 없었을 거다. 언니는 나이가 들어가면서 나에게 의지를 하게 되었구나. 처음 알게 되었다. 이제부터 내가 언니의 든든한 기둥이 되어 줘야겠다.

언니와 한 여행들은 나와 우리 가족에게 한 모든 일에 대한 감사의 표현이며 도와준 시간들에 보답하는 순간이었다. 여행으로 소중한 시간을 같이 보내며 언니의 사랑과 희생에 대한 보답을 찾는 여정은 계속될 것이다. 여행이라는 인연으로 다시 만난 자매다. 이렇게 사는 동안 빚을 갚아야겠다.

아직은 혼자 하는
여행이 좋지만

(권세라)

대학 시절 친구와 함께 대만 여행을 다녀온 적이 있다. 여행을 결심하게 된 계기는 아주 개인적이고도 조심스러운 이야기에서 시작된다. 대학 3학년이던 시절 나는 학회장의 추천으로 여학국장을 맡았다. 여러 학과의 사람들과 함께 축제와 행사를 기획하며 바쁜 한 해를 보냈다. 그중에 유난히 잘 통했던 친구가 있었다. 늘 먼저 웃으며 다가와 내 이름을 부르던 밝은 아이였다. 졸업을 앞두고 그녀는 친한 친구를 사고로 잃었다. 그녀는 힘들어했다. 제대로 먹지도 잠을 자지도 못하는 것 같았다. 늘 그 친구 옆에 있었다. 친구가 원하는 것을 가급적이면 다 들어 주었다. 위로하고 싶었다.

한 두 달이 지나고 조금씩 그녀가 다시 웃기 시작했다. 여행을 가자고 제안했다. 친구도 좋다고 했다. 목적지는 대만이었다. 가이드 없이 떠나는 건 처음이었다. 낯선 도시를 여행하면 슬픈 감정을 추스르는 데 도움이 될 것 같았다.

우리는 매일 만나 여행계획을 세웠다. 3일간의 짧은 여행이었지만 시간별로 꼼꼼하게 계획했다. 타이베이 101 전망대, 예류 지질공원, 스펀 천등마을, 지우펀, 야시장 등등 가고 싶은 곳들을 모두 적었다. 전체적인 계획은 내가 짜고 예약은 친구가 맡았다. 나는 지하철 타는 법, 표 끊는 법, 가고 싶은 식당의 오픈 시간과 휴무일까지 정리해서 노트에 옮겨 담았다. 여행하는 내내 그 노트를 분신처럼 들고 다녔다. 내가 제일 기대했던 장소는 지우펀이었다. 지브리 애니메이션 '센과 치히로의 모험'의 배경으로 유명한 장소이다. 너무 재미있게 봤던 영화이다. 밤에 보는 야경이 멋진 곳이라고 했다.

그렇게 우리의 첫 여행은 시작되었다. 도착하자마자 우린 계획한 대로 코스를 따라 움직였다. 미리 예약한 식당에 가서 대표메뉴인 두부튀김과 부추볶음을 시켰다. 망고 빙수로 후식까지 완벽하게 마무리했다. 함께 여행하는 사람이 있으면 먹고 싶은 메뉴를 여러 개 시킬 수 있다는 점이 좋다. 그렇게 먹고 또 야시장에서 간식을 잔뜩 샀다. 맥주도 함께 사서 숙소로 돌아왔다. 예약한 숙소는 좁기는 했지만 깨끗해서 좋았다. 친구와 첫 여행을 기념하며 맥주 한잔했다. 미션 완수하듯 노트에 적은 대로 바쁘게 다닌 하루였다. 피곤했지만 그날은 꽤 즐거웠고 만족스러웠다.

다음 날은 택시 투어를 하는 날이었다. 첫 목적지는 예류 지질공원이었다. 여왕 바위를 보기 위해 줄을 섰다. 인증 사진을 찍었다. 스펀에서는 내 키만 한 풍등의 4면에 소원을 적었다. 우리의 소원은 날아올랐다. 하늘에 닿은 듯했다. 풍등에 적은 소원을 곧 들어줄 것 같았다. 밤이 되자 지우펀의 풍등에서 빨간불이 켜졌고 내 마음에도 불이 켜졌다. 마치 영화의 한 장면을 보는 듯했다. 이때까지만 해도 우리의 여행은 문제없이 잘 흘러가는 듯했다.

여행의 마지막 날이었다. 지인들에게 줄 대만 과자 펑리수를 제대로 고르기 위해 나의 분신인 노트를 펼쳤다. 노트에는 펑리수 맛집 목록들을 여러 곳 정리해 두었다. 집집마다 들러 맛을 보려고 했다. 지인들에게 줄 선물이니 비교해서 가장 맛있는 것을 고르고 싶었다. 친구는 힘들다며 한 곳만 들르자고 했다. 친구를 위해 시작한 여행이라 여행 내내 친구에게 맞춰주고 있었다. 피곤하다는 친구의 말에 대꾸도 못한 채 한군데만 겨우 들렀다. 서둘러 과자를 사고 숙소로 돌아가려고 했다.

친구는 갑자기 다시 시내로 가자고 했다. 나에게 어떠냐고 묻지도 않고 시내로 가는 지하철을 탔다. 우리는 옷 가게와 신발가게를 돌며 몇 시간을 보냈다. 옷이며 신발이며 내 눈에 들어오지도 않았다. 아무 말 못하고 친구를 따라다니는 내 자신에게 화가 났다. '이럴 거면 아까 가고 싶었던 펑리수 가게도 둘러볼 수 있었잖아.' 마음속으로 친구에게 몇 번이나 소리를 질렀다. 그런 내 마음 알 리 없는 친구는 양손 가득 쇼핑백을 들고 만족한 표정을 짓고 있었다. 너무 화나고 서운했다. 조심스럽게 친구에게 말을 했다. 결국 가까운 곳에 있는 펑리수 가게 한 군데를 더 다녀왔다.

혼자 여행이었다면 눈치를 볼 필요도 없었을 일이다. 친구의 행동에 바보 같은 내 태도에 마음이 무겁고 피곤했다. 여행의 마지막 날 우리는 조용히 각자의 짐을 정리하며 여행을 마무리했다. 첫날처럼 신나서 건배하는 일은 없었다. 그 여행 이후 우리는 함께 또 다른 여행을 계획하지 않았다. 졸업 후 자연스럽게 연락이 뜸해졌다. 함께해서 좋았지만 맞추느라 힘들었던 여행이었다.

　졸업 후 나는 취업을 했다. 여행이라는 것을 생각할 여유는 전혀 없었다. 그렇게 앞만 보고 달려오던 내게 휴식이 필요했다. 9월의 어느 날 나는 제주도로 혼자 떠났다. 일과 사람들 사이에서 일상에 나는 지쳐 있었다. 혼자만의 시간이 필요했다. 혼자 가는 여행의 가장 좋은 점은 누군가에게 물어보지 않아도 된다는 것이다. 의견을 맞출 필요도 없다. 내가 가고 싶은 곳, 하고 싶은 것만 생각하면 된다. 애월읍부터 서귀포까지 4일을 꽉 채워 다녀볼 계획이었다.

　장롱면허였던 나는 4박 5일 동안 대중교통만을 이용해야 했다. 시간은 오래 걸리고 불편했지만, 느린 여행이 좋았다. 언제 올지 모르는 버스를 기다리다 바람 맞아도 좋았다. 멍하니 앉아 지나는 사람 구경을 하기도 했다. 걷다가 만나는 카페에 들어가 잠시 쉬어가는 시간도 좋았다. 목적 없이 카페에 앉아 창밖을 바라보는 시간을 보내며 내 안을 비우니 위로가 나를 채웠다.

　첫날 일정을 마치고 저녁 무렵 게스트하우스에 도착해 방에서 짐을 풀었다. 나는 여러 명이 쓰는 다인실을 예약했다. 한 여자가 나에게 인사를 하며 말을 걸었다. 본인을 나영이라고 소개했다. 짐 정리를 하다가 고개 들어 가볍게 인사를 했다. 이어 어디서 왔냐고 나에게 물었다. 내가 사투리로 말하는 것을 듣고 반가워 물은 것이라 했다. 우리는 같은 대구, 같은 동네 주민이었다. 그 이유만으로 우리는 바로 친구가 되었다.

밤에는 게스트하우스 주인이 준비해 준 모닥불 앞에 둘러앉아 노래를 부르고 게임을 했다. 모두 처음 만난 사이었지만 제주에서 만나 서로 친구가 되었다. 그렇게 시간을 보내고 같은 공간에서 밤을 보내며 가까워졌다. 다음 날 아침 함께 오름을 오르고 바람 부는 언덕에서 일출을 기다리며 소원도 함께 빌었다. 같은 방을 쓰던 또 다른 동생과 대구 친구와 함께 우리 셋은 나머지 제주 일정을 함께했다. 맛집을 찾아 밥을 먹고 카페에 들러 서로의 사진을 열심히 찍어주며 재미있게 지냈다. 하루 만에 우리는 가까운 친구가 되었다. 꼭 다시 만나 함께 여행하자고 약속했다. 나영이와 돌아오는 비행기도 같았다. 나란히 앉아 쉴 새 없이 이야기했다. 홀로 시작한 여행이었지만 같은 시간과 공간을 나눌 수 있는 친구를 여행에서 만나게 되어 좋았다. 혼자였기 때문에 새로운 친구를 사귀는 기회가 생긴 것이다.

지금도 우리는 가끔 연락을 주고받는다. 서로의 일에 대해 조언을 나누는 사이가 되었고, 그녀는 어느새 결혼하고 아이를 낳은 엄마가 되었다. 짧은 만남이었지만 진심을 나눌 수 있었기에 그 인연은 여전히 따뜻하게 내 곁에 남아 있다.

처음으로 혼자 떠난 제주 여행은 내 인생에서 잊지 못할 추억이 되었고, 좋은 친구를 만날 수 있는 기회가 되었다. 혼자 떠나는 여행은 누군가와 계획을 맞출 필요도 여행을 하며 서로 얼굴 붉힐 일도 없었다. 내가 가고 싶은 곳을 다니며 마주한 풍경들은 온전히 나만의 것이 되고 때로는 생각지도 못한 인연이 생기기도 했다. 그렇게 스며든 시절 인연은 멀어지거나 연락이 닿지 않아도 사무치도록 그립거나 섭섭하지도 않다. 그저 그때의 추억을 생각하며 미소 지을 수 있는 정도다.

하지만 혼자 여행할 때는 메뉴선택에 한정이 있었고 멋진 풍경을 혼자만 느껴야 한다는 점은 꽤 외로웠다. 혼자 여행을 떠났지만, 누군가 만나게 되며 외로움 속에 새로운 만남이 신선하게 다가온 여행이었다.

결국, 우리는 혼자 살아갈 수 없고 계속 누군가와 부딪히며 살아가야 한다. 앞으로 누군가 함께 하게 될 여행은 나의 욕심을 조금 덜어낸다면 더 행복한 여행이 될 수 있을 것 같다.

1-3
새로운 인연이
나를 변화시켰다

(김찬송)

2022년 1월, 생애 첫 크루즈 여행을 예약했다. 6개월 후에 바르셀로나에서 출발하는 지중해 크루즈였다. 엄마와 함께 교회를 다니는 지인을 통해 한 사람을 알게 되었다. 여행을 자주 다니는 사람이라 했다. 알록달록한 그의 패션에서 자유로움이 느껴졌다. 경상도에서 흔히 볼 수 있는 50대 아저씨의 모습은 아니었다. 그는 평소 명절 이외에는 주로 해외에 있지만 코로나로 인해 당분간은 한국에도 오래 있을 예정이라고 했다. 그의 여행 이야기를 들려주었다. 크루즈 여행을 추천했다. 언젠가 한번 해 보고 싶은 여행이었다. 버킷리스트 아래 어디쯤 적어 놓았었다. 당장 갈 수 있는 여행은 아니라고 생각하고 있었다. 서른 번 정도 크루즈 여행을 다녀왔다는 이야기를 듣고 나니 나도 한번 가 보고 싶었다.

매월 크루즈 비용을 모았다. 함께 갈 친구도 만들었다. 떠나야 할 날이 다가왔다. 유럽도 크루즈 여행도 생애 처음이었다. 이미 마음은 크루즈를 타고 있었다. 2주간 여행을 떠나는 것은 처음이었다. 인천에서 아부다비를 경유해 바르셀로나에 도착했다. 호텔 근처 스타벅스에서 시간을 보내다가 3시 체크인 시간에 맞춰 호텔로 들어갔다. 몸은 피곤하지만 허기진 배를 달래야 하기에 호텔 근처 식당을 찾아 나섰다. 시푸드 뷔페라 적힌 곳으로 들어갔다. 한국인은 물론 아시아인의 모습이 보이지 않았다. 유럽에 와 있는 것이 실감 났다. 낯선 곳에서의 설렘을 느끼려고 우리는 여행을 가는 듯 하다.

다음 날 아침 택시를 타고 크루즈 항으로 이동했다. 멀리 서울역이 바다에 떠 있는 것 같았다. 내가 타게 될 배였다. 심장 박동이 빨라지는 것 같았다. 내가 상상한 것보다 더 거대했다. 배를 타기 위해 벌써 긴 줄을 서고 있었다. 비행기를 타듯이 여권과 티켓을 확인했다. 카드 한 장을 받았다. 크루즈 내에서 방 키와 결재할 때 쓸 수 있는 카드였다. 큰 캐리어는 맡기고 가볍게 손가방만 들고 배 안으로 들어갔다.

노르웨지안 에픽이라는 크루즈에서 새로운 여정이 시작되는 순간이다. 다른 세상에 온 것 같았다. 배의 이곳저곳을 한참을 돌아다녔다. 19층짜리 아파트 여러 동을 오가는 느낌이었다. 같은 층에 엘리베이터도 여러 대 있었다. 배의 어느 방향으로 갈 것인지, 내 방의 위치에 따라 골라 타야 했다. 공연을 보러 가기도 하고 무대에서 추는 춤과 노래를 따라 하는 사람들도 쉽게 볼 수 있다. 스타벅스도 안에 있었고 볼링장도 있어 밥을 먹고 볼링을 즐겼다. 다양한 스포츠 게임 활동을 할 수 있고 여러 주류와 음료를 파는 바도 가는 곳마다 있다. 술도 여러 종류로 아쉽지 않게 먹을 수 있었다.

한국인은 거의 보이지 않았다. 한국은 아직 코로나로 규제를 하던 때라 그런 것 같았다. 배에 타고 있는 사람들은 인사도 먼저 하고 모두 밝게 대해주었다. 몇 시간을 그렇게 다니다 내 방을 찾아갔다. 바다가 훤히 보이는 발코니룸을 예약했다. 발코니 쪽 문을 열고 나가니 바르셀로나 항구의 모습이 보였다. 바다에서 바라보는 도시는 또 다른 느낌이었다. 발코니 룸을 선택한 건 신의 한 수였다. 크루즈 여행 내내 잘 한 일이라 칭찬했다.

상상만 했던 일이 현실로 일어났다. 유럽에서 지중해 바다 위를 떠다니며 크루즈를 즐기고 있는 매 순간이 감동적이었다. 감탄사를 쉴 새 없이 쏟아냈던 모습이 아직도 생생하다. 서른 살이 되기도 전에 이런 여행을 할 수 있을 거라고 상상도 못 했었다. 부모님과 가족들이 생각났다. 배 위에서의 독서를 하는 시간도 좋았다. 발코니에서 바다를 보며 바닷소리 들으며 책을 읽었다. 이틀 동안 한 권을 다 읽을 만큼 집중할 수 있었다.

크루즈의 또 다른 매력은 매일 다른 국가 또는 도시에 정박하여 그곳을 가볼 수 있다는 것이었다. 첫 번째 기항지는 아작시오로 나폴레옹이 태어난 섬으로 알고 있다. 자전거로 돌아보기로 했다. 구글 지도로 기항지 주변 자전거 대여소를 찾았다. 운동복 차림으로 배에서 내려 자전거를 탔다. 한 시간 정도를 타다가 길에 있는 카페에 갔다. 잠시 쉬다가 또다시 자전거를 탔다. 동네 작은 음식점에 들어가 까르보나라를 먹었는데 고급 레스토랑에서 먹었던 어떤 맛보다도 훌륭했다. 사진은 어떻게 찍어도 작품이었다. 모든 것이 좋았지만 단 하나 불편했던 것은 언어의 장벽이었다. 와보지 않았으면 불편하지 않고 몰랐을 부분이지만 이것이 나를 자극했다. 새로움이 주는 설렘과 자극 완벽하지 못해도 다음 여행은 변화돼서 오겠다고 다짐했다. 몸만 가볍게 이동하면 되는 크루즈 여행은 여행 내내 행복하게 해주었다.

여행 중의 모습을 실시간으로 인스타그램에 올렸다. 고향 동생이 좋아요를 누르고 댓글을 달았다. 아주 오랜만이었다. 다음날 도착하는 치비타베치아에서 멀지 않은 곳에 살고 있다고 했다. 다음날 만날 계획을 했다. 약속한 당일 동생이 알려준 대로 치비타베치아 역에서 기차를 타고 로마로 가서 고향 동생을 만났다. 동생은 성인이 되고 곧바로 유럽을 와 가이드 일을 하게 되었다고 했다. 외국에서 잘 적응하며 일하는 모습이 멋있었다, 부럽기도 했다. 나도 여행을 하며 돈을 벌고 싶다는 생각을 하게 되었다. 짧은 만남을 뒤로하고 다시 배로 돌아왔다.

이후 영화제가 열리는 칸도 방문하였고, 애국가의 창시자 안익태 선생님과 쇼팽이 살던 마요르카도 방문했다. 마요르카 방문 당시 한국인 축구선수 이강인 선수가 경기를 하는 날이었다. 마요르카 구장을 가서 이강인 선수의 유니폼을 사고 경기까지 보고 오게 되었다. 경기를 보러 온 사람들이 이강인 선수와 같은 한국인이라고 반갑게 대해주었다. 사진도 함께 찍자고 하는 사람들도 있었다. 여행의 마지막이 다가오고 있었다. 아바다를 보며 칵테일을 마시며 마지막 시간을 즐겼다.

시간이 참 빨리 지나갔다. 배 안에서의 생활과 기항지 투어들이 좋았던 만큼 체감 시간이 너무나도 짧게 느껴졌다. 배에서 내려 바르셀로나에 미리 예약한 숙소에 머물며 주변을 구경하기로 한다. 한국 음식이 그리워 한인 식당을 검색해 찾아갔다. 한국인이 운영하는 식당에서 우리는 라면과 비빔밥, 김치를 주문했다. 그러면서 주인 부부를 만나 또 짧게 이야기를 나누게 되었다. 그들은 둘 다 한국인이었고 함께 한국을 떠나 여행 온 바르셀로나에 매력을 느끼고 자리를 잡게 되었다고 했다.

교회 지인을 통해 알게 된 크루즈 여행, 그리고 자유롭게 살아가는 삶. 유럽에서 가이드로의 모습으로 다시 만나게 된 고향 동생. 그리고 바르셀로나에 자리를 잡아가는 한국인 부부. 여행을 시작하게 하고 계속하게 만들어 준 사람들이다. 그들은 한국에서 내가 만나던 내 주변의 사람들과는 다른 모습으로 살아가고 있었다. 그들처럼 살아보고 싶어졌다. 여행 이후로 예전과 조금 달라진 삶을 살아가고 있다.

일을 하면서도 시간을 내서 자주 여행을 떠난다. 스페인어 과외도 시작했다. 또 여행하며 만난 사람들을 통해 여행 인솔자 자격증을 취득했다. 원하는 곳을 여행하며 수입을 만들 수도 있다.

더 이상 흘러가는 대로 살지 않는다. 내가 어떤 모습으로 살고 싶은지 매 순간 상상하고 도전한다. 변화하고 있다. '인생에서 맞고 틀린 것이 어디 있을까 내 인생이니 마음 가는 대로 해보자.' 모든 사건에는 이유가 있고 그로 인해 깨달음을 얻고 성장을 한다. 내가 원하는 모습을 상상하고 그렇게 만들어가는 중이다. 우연히 인연을 맺고, 어딘가를 가게 되고, 힘든 일이 닥치거나 기쁜 순간에 늘 그렇게 생각한다.

이번에는 무엇을 알게 하고 깨닫게 해주려고 이런 일이 나에게 생기는 걸까. 이러한 태도로 상황과 사람을 바라보게 되었다. 여행에서 만난 사람들이 나를 그렇게 변화시켰다. 모든 일에는 이유가 있다. 배움과 경험이 남는다.

1-4

어떤 인연

(박미경)

현관 쪽을 바라보고 계시던 엄마는 벨이 울림과 동시에 소파에서 일어나 현관을 향해 걸어갔다. 나는 앉았다 일어섰다 하기를 반복했다. 조바심이 났던 거다. 잠시 뒤, 대문이 활짝 열렸다. 기다리던 오카이상이 도착해 있었다. 오카이상 옆에는 허리까지 오는 긴 생머리에 하얀 피부를 가진 여자아이와 오카이상의 아내가 함께 서 있었다. 양 볼이 빨개진 채 웃는 미소 속에 하얗게 드러난 송곳니가 선명하게 도드라져 보였다. 엄마는 여자아이의 두 손을 잡고 안으로 데리고 들어왔다. 아버지는 그 아이와 나를 서로 인사시켰다. "토모코상, 미경상." 나는 새초롬히 고개만 까딱했다. 그 아이도 그랬다. 서로가 어색한 가운데 아버지는 앞으로 잘 지내야 한다는 당부 말씀을 하셨다. 엄마는 손님들을 식탁으로 안내했다. 엄마 뒤를 따라 다리를 절며 걸어가는 토모코 모습에 나의 시선이 머물렀다.

토모코는 아버지 회사에 기술자로 와 있는 오카이상 딸이다. 3년 전

오카이상이 우리 집에 처음 왔었다. 나보다 한 뼘 정도는 작아 보였다. 짙고 선명한 눈썹이 인상적이었다. 검은색 양복 차림이었다. 중요한 순간을 준비한 사람처럼 단정하고 품위 있어 보였다. 아버지는 일본에서 태어나 대학을 마친 후 한국으로 왔다. 아버지와 두 분은 잘 통했다. 나도 오카이상이 우리 집에 오는 게 좋았다. 이유는 단순했다. 언제나 양손 가득 무언가를 들고 왔다. 그건 매번 처음 보는 모양의 과자들이었다. 상자를 열 때마다 새로운 세계가 펼쳐지는 기분이었다. 낯선 맛도, 색다른 모양도 모두 설렘이었다. 다음에는 또 어떤 선물을 들고 올지 마음속으로 기대했었다. 그땐 참 즐거운 일이었다. 이제 오카이상이 아버지 회사와 3년 계약이 끝나 일본 회사로 돌아간다고 했다. 돌아가기 전에 함께 저녁 먹자며 초대했다. 식사하며 조용히 잔을 기울이던 오카이상이 젓가락을 내려놓았다. 고개를 떨구고 한참 말이 없다가 갑자기 눈물을 흘리기 시작했다. 나와 같은 나이의 둘째 딸 이야기를 하던 중이었다. 아버지가 놀라 무슨 일이 있냐고 다급하게 물었다. 딸이 은행에 일한 지 2년째 접어들었는데, 근무 도중에 갑자기 쓰러졌다고 했다. 치료를 받았지만, 결국 다리가 불편하게 되었다고. 안타까운 이야기를 들은 아버지는 한참 말씀이 없다가 갑자기 오카이상에게 제안을 했다.

"오카이상. 딸을 한국으로 데리고 와서 치료 한번 해봅시다."

아버지는 나와 나이가 같다는 이유로 방을 같이 쓰고, 병원에 데리고 다니면 되겠다고 했다. 심지어 내가 일본어를 잘한다고 하는 것이 아닌가?. 옆에 서 있는 나에게 한마디 상의 없이 일사천리로 진행되어 버렸다. 오카이상이 일주일 만에 도착할 수 있다고 했다. '옴마야, 이기 무슨 청청병력 같은 소리지?' 일어학원 다닌다는 조건으로 아버지를 졸라 50cc 오토바이를 샀었다. 일주일에 두세 번은 그 오토바이를 타고 일어학원을 지나처서 온천장으로 달렸다. 친구 부모님이 하는 목욕탕에서 행복한 땡땡이를 쳤었다. '이럴 줄 알았으면 일어학원 열심히 다닐걸.' 하여튼 우리 아버지 오지랖은 알아줘야 한다니깐. 이 총체적 난국을 어떻게 헤쳐 나가지?

우리는 어색한 첫날 밤을 보냈다. 잠을 설쳤다. 토모코도 그런 것 같았다. 북에서 귀순한 유명한 침쟁이가 있는 남포동으로 매일 다녔다. 우리 집에서 침방까지는 차로 한 시간이 걸렸다. 오고 가며 조금씩 친해졌다. 토모코는 한국말을 곧잘 따라 했다. 엄마는 사슴뿔 상단으로 한약도 지어 먹었다. 자랑만 하고 아버지를 위해 잘 숨겨둔 귀한 약재였다. 하루도 빠지지 않고 6개월간의 침 치료 후 일본으로 돌아갔다. 침 치료는 쉬었다가 다시 6개월 더 치료해야 한다고 했다.

어느 날 일본에서 토모코의 편지가 왔다. 엄마하고 소통하고 싶은 간절한 마음의 토모코는, 한국에서 온 교회 전도사에게 우리말을 열심히 공부한다고 했다. 처음으로 온 편지지에 반은 한글이었다. 제법 잘 썼다. 첫 편지 첫 줄이 아주 크게 쓰어 있었다.

"미경, 가르쳐준 말 욕 이무니다. 욕은 나쁘무니다."
"이씨"

도모코는 6개월 후에 두 번째 치료를 위해 다시 한국으로 왔다. 운전 중에 다른 차량이 갑자기 끼어들자 나는 순간적으로 차 안에서 나도 모르게 불쾌한 말을 내뱉었다. 그때 옆에 앉아 있던 토모코가 내 말뜻을 제대로 알지 못한 채 입가에 미소를 띠며 똑같이 따라 하는 모습을 보았다. 나의 욕설이 무심코 토모코 입을 통해 다른 언어로 변해 버린 순간, 차 안의 공기는 잠시 침묵에 잠겼고, 나는 그 황당한 순간에 웃음을 참을 수가 없었다. 토모코의 발음으로 되살아난 내 말이 마치 외국어처럼 들렸다. 우린 서로를 바라보며 웃음을 터뜨렸다. 서로의 문화와 언어가 교차 되는 순간이다. 운전 중의 불쾌감은 어느새 사라지고 오히려 그 황당한 순간이 우리의 힘든 하루를 즐겁게 만들어 주기도 했었다. 우리는 웃으며 오해는 자연스럽게 풀렸다. 그 덕분에 도모코는 한국 욕을 점점 더 잘하게 되었다.

6개월간 남은 침 치료를 무사히 마쳤다, 도모코는 아버지 친구 딸이 아니라 어느새 내 친구가 되어있었다. 아버지는 둘 다 고생했다고 일본으로 돌아가기 전에 제주도로 여행을 보내주셨다. 우리는 올렛길을 천천히 걸었다. 오래 걷고 뛸 수 있을 정도로 토모코의 다리는 좋아졌다. 뿌듯했다. 그동안 다 같이 노력해 온 결과였다. 토모코는 보란 듯이 삐닥구두(뾰족구두의 방언) 신고 다시 일본으로 돌아갔다. 일본에서 다녔던 병원에서 난리가 났다고 한다. 한국에서 어떤 치료를 한 거냐고. 치료 내용을 자세히 적어주며 아버지는 일본 의사들에게 잘난 척을 조금 하셨다고 들었다. 침술도 대단했지만 나는 우리 엄마 아빠의 정성이 더 대단하다고 생각한다. 1년을 함께하며 가본 적은 없지만, 일본 친구 덕분에 그들만의 예절과 생활방식도 배웠다. 친구가 추천해

준 일본 영화나 음악을 통해 감동과 행복을 느끼기도 했다. 일본 음식 이야기를 듣고 직접 같이 만들어 먹었다. 마치 일본을 여행하는 듯한 경험을 했다. 나와 다른 사람과의 만남을 통해 새로운 세상을 배우는 경험 역시 그 자체로 정말 특별한 여행이란 생각이 들었다.

그로부터 2년 후 토모코 결혼식에 참석하기 위해 우리 가족은 일본으로 갔다. 예식장은 마츠야마 역 토모코 집 근처였다. 호텔에서 예식장까지는 도보로 10분 정도 걸렸다. 조용하고 깨끗한 거리를 거닐 때, 그 아침의 고요함이 내 마음까지 맑게 해주었다. 처음 가보는 일본이었지만 웬지 낯설지 않았다. 일본 결혼식은 미리 초대장을 받아야 참석할 수 있었다. 우리 가족은 이름이 적혀있는 자리를 찾아 앉았다. 테이블 위에 놓인 백합과 나무 장식이 서로 조화를 이루며 눈길을 끌었다. 결혼식 시작 전 사회자는 한국에서 고마운 손님이 오셨다고 엄마 아빠를 소개했다. 가족의 결혼식에 와 있는 기분이었다. 신랑 신부가 기모노를 입고 신에게 결혼식을 고하는 전통결혼식, 이어 흰 드레스와 턱시도를 입고 서양식 결혼식을 했다. 신부 반지가 들어가지 않아 낑낑대는 신랑 덕분에 모두 한바탕 웃음이 터졌다. 이브닝드레스로 갈아입은 후 참석한 사람들과 웨딩 파티도 한다고 했다. 사람들은 신부가 무슨 색 드레스를 입고 나올지 궁금해했다. 맞추는 내기도 했다. 그 사이에 서빙된 레드와인. 식구끼리 뿌듯함의 건배를 했다. 음식을 즐기며 천천히 기다렸다. 결혼식은 하루 종일 진행되었다. 전통과 현대를 조화롭게 진행하는 일본 결혼식에 참여하는 것은 특별한 경험이었다. 감사 인사 전하러 우리 자리로 온 토모코 부모님과 부부는 눈물을 흘리며 큰절 올렸다.

"엄마 아빠 고맙스무니다." 절을 받는 엄마 아빠도 기쁨의 눈물을 흘렸다.

인연은 소중하다. 여행 중에 우연히 만난 사람들의 진심 어린 도움은 그 사람의 인생을 완전히 바꿀 수도 있다. 이러한 친절은 마치 부모님이 베푼 사랑의 메아리처럼 언젠가 우리에게 돌아온다. 친절을 베풀기 위해서는 많은 돈과 노력이 필요하지 않다. 따뜻한 마음만 있으면 충분하다. 만남이 우연일지 몰라도, 그 속에서 피어나는 관계는 우리의 노력과 정성으로 만들어진다. 이처럼 여행은 새로운 인연을 만나고, 그들과의 관계를 소중히 가꿔나가는 과정이라는 생각이 든다.

왓 포(wat pho) 사노
스님과의 동행

(복기령)

내가 사노 스님과 만났던 때는 2017년 어느 여름날이었다. 아이들이 제주도에 있는 국제학교에 다닐 때 산방산 보문사 대표님과 인연이 되어 방콕으로 여행을 갔다. 대표님 딸과 고등학교 1학년이었던 내 딸이 함께했다.

방콕에 도착하니 왓 포 사원에서 사노 스님과 통역해 줄 리우라는 비서 한 분이 마중 나와 있었다. 스님이 직접 마중을 나올 거라고는 생각하지 못했기에 조금 놀랐다. 우리는 반갑게 인사를 나누었다. 왓 포 사원은 보문사 주지 스님이었던 고(故) 강설 스님이 1986년에 3년 동안 부처님의 가르침을 받으며 수행했던 곳이라 했다. 왓 포의 스승으로부터 받은 진신 사리를 모시면서 이 사원과 인연이 시작되었다고 한다. 이런 연유로 우리들은 사원을 둘러볼 겸 방콕 여행을 하기로 한 것이다. 사노 스님과 리우 비서를 따라 숙소로 향했다. 저녁 8시가 넘어 도착했다. 우리는 짐을 정리하고 일찍 잠자리에 들었다.

다음 날 아침 숙소 옥상에 올라 자리에 앉았다. 숙소 앞에 어제 보지 못했던 짜오프라야강이 흐르고 있었다. 금박 장식을 한 왕궁 사원이 햇빛을 받아 반짝였다. 잔잔히 흐르고 있는 강과 화려하게 빛나고 있는 왕궁을 바라보며 아침 식사를 했다. 식사가 끝나갈 즈음 사노 스님과 리우 비서가 왔다. 사노 스님은 저 멀리 보이는 '왕궁'과 '왓 아룬'을 가리키며 주요 관광지가 강변에 모여 있다고 했다. 식사를 마친 후 여유 있게 커피 한 잔을 마시고 스님을 따라 왕궁으로 향했다. 왕궁은 역대 왕들이 나랏일을 돌보고 실제로 살았던 곳이라 한다. 왕궁에 입장하기 위해서는 알맞은 복장을 갖추어야 했다. 노출이 심한 상의, 민소매 옷, 짧은 반바지, 미니스커트 등을 입은 사람은 입장할 수 없다. 나는 발목을 덮는 원피스를 입고 입장했다. 부처님의 사리를 모신 웅장한 황금빛 탑 그리고 에메랄드 사원이라 불리는 왓 프라깨우 사원이 한눈에 들어왔다. 외벽의 연보랏빛이 금색과 어우러져 있어 매우 아름다웠다. 많은 관광객이 이 앞에서 인증 사진을 찍고 있었다. 우리도 에메랄드 사원 앞에서 사진을 찍었다. 사노 스님은 역대 국왕들 실물 크기 동상이 있는 곳으로 안내했다. 이곳은 일반인들에게는 공개되지 않은 곳이다. 발뒤꿈치를 들며 살며시 국왕 동상 앞에 앉아 사진을 찍었다.

왕궁을 둘러보고 강 건너편에 있는 왓 아룬으로 이동했다. 해가 가장 먼저 비춘다고 해 새벽 사원으로도 불린다. 왓 아룬 중심 탑 표면의 상세한 문양을 구경하는 재미가 있었다. 감꽃 문양, 연꽃 문양이 접시 문양과 함께 새겨져 있었다. 도깨비처럼 생긴 사람들이 탑을 받치고 있는 문양도 보였다. 적색, 녹색, 흰색, 황금색 등으로 칠해져 있어 알록달록했다. 장식된 도자기들이 매우 정교하고 아름다웠다. 일몰 때 태양 빛을 받아 더욱 반짝였다. 태국 전통 의상인, 쑤타이를 입고 머리에 왕관을 쓴 딸의 모습이 왓 아룬만큼 화려했다.

여행 마지막 날 방콕에서 가장 오래된 사원 중 하나인 왓 포 사원에 갔다. 사노 스님 안내에 따라 긴 원피스를 입고 신발을 벗은 채 들어갔다. 거대한 황금 와불상이 화려하게 빛나고 있었다. 길이 46m, 높이 15m, 발바닥 크기만 5m나 된다. 워낙 커서 전체 모습을 한눈에 살펴보기가 어려웠다. 머리, 가슴, 배, 다리를 각각 나누어 봐야 했다. 와불상 앞에서 찍은 우리의 모습이 부처님 발바닥보다도 더 작았다. 부처님의 얼굴 모습이 온화해 보였다. 열반에 든 모습이라 한다.

커다란 불상을 천천히 둘러본 후 사노 스님은 우리를 스님이 머무는 방으로 안내했다. 신발을 벗고 스님을 따라 들어갔다. 거실과 방 하나가 있었다. 작은 공간에 스님과 리우 비서, 우리 넷이 앉으니 스님 얼굴이 가까이 보였다. 오른쪽 눈 밑이 계속 떨리는 게 보였다. 얼굴색도 까맣고 힘이 없어 보였다. 어디가 불편한지 물었다. 눈 밑 떨림 증세는 3개월 전부터 시작되었다 한다. 걱정되어 한의사인 남편에게 바로 연락했다. 멀리서 걸려 온 전화에 남편은 잠시 당황해했다. 무슨 일 있냐며 물었다.

아무 일 없다는 말로 남편을 안심시켰다. 대표님과 반갑게 인사를 나누고 사노 스님 증상을 얘기했다. 남편은 자세히 묻기 시작했다. 증상이 언제부터 시작되었는지 지속적인지 또 다른 증상은 없는지 등 전반적인 몸 상태에 대해 묻고 체크를 했다. 리우는 사노 스님 증상을 빠짐없이 말했다. 남편은 최대한 빨리 약을 보내주겠다 했다. 좋지 않은 몸으로 세심하게 우리를 안내해 주었다니 죄송한 마음이 들었다.

빨리 건강이 회복되기를 진심으로 바랐다. 그 후 남편은 약을 보내고 지속적으로 연락하며 스님의 건강 상태를 확인했다.

사노 스님은 사찰이 곧 학교라고 했다. 보문사 대표님은 어린 출가 스님들에게 장학금을 전달하고 싶어 했다. 의미 있는 일이라 나도 동참했다. 사노 스님은 왓 포 주지 스님을 만나게 해주었다. 주지 스님은 태국에서의 정식 출가는 철저한 검증 속에 이루어진다고 했다. 올바른 의견과 지혜를 갖춰야 하고 부처님의 허락도 받아야 한다. 또한 범죄 경력이 없어야 한다. 우리는 이에 더욱 감명받았다.

주지 스님과의 미팅이 두 시간가량 이어졌다. 왓 포 종립학교인 팔리 수엑사 중학교에서 공부하는 25명의 스님에게 장학금을 전달하기로 했다. 이 중학교는 동진 스님들이 출가해 교육받는 승가 전문학교라 한다. 어린 시절부터 불교 교리를 통해 인내와 배려를 배운다고 한다. 잠시 후 우리는 주지 스님과 사노 스님을 따라 강당으로 갔다. 이어 50여 명의 동진 출가 스님들이 하나둘씩 강당에 모였다. 어린 스님들이 들어올 때마다 가슴이 벅차올랐다. 주지 스님과 대표님의 짧은 인사말이 끝나고 한 분 한 분 동진 출가 스님의 이름이 호명되었다. 이름이 호명될 때마다 마음이 찡했다. 어린 스님들은 머리를 깊이 숙이며 장학금을 전달받았다. 깊은 겸손과 예의를 갖춘 모습이었다. 작은 체구에서 나오는 표정에서 여리고 순수함이 느껴졌다. 왓 포의 종립학교에는 태국뿐 아니라 동남아 여러 나라에서 출가한 스님들도 포함돼 있다고 한다. 한국을 비롯해 전 세계인들에게 참된 가르침을 전하는 큰스님으로 성장하길 진심으로 기원했다.

2024년 10월 갤러리 명상센터 오픈식에 초청되어 보문사에 갔다. 부처님 앞에 절을 하고 마당으로 나왔다. 짙은 주황색 승복을 입은 스님 한 분이 눈에 띄었다. 사노 스님이었다. 무표정한 얼굴이었지만 얼굴색이 밝아 보였다. 스님 옆에 앉아 있는 한 분도 낯이 익었다. 리우였다. 나는 두 분에게 다가가 인사했다. 나를 알아보지 못하는 표정이었다. 휴대전화에 있는 7년 전 사진을 보여주었다. 생각이 떠올랐는지 그제야 반갑게 인사를 했다. 한국어와 태국어 번역을 통해 스님과 의사소통했다. 얼마 지나자 점점 사진만으로도 충분히 소통할 수 있었다. 함께했던 추억이 있어 완벽한 언어는 필요치 않았다. 짧은 단어와 몸짓만으로 반가운 마음을 전할 수 있었다. 나는 스님의 건강을 물어보았다. 눈 밑 떨리는 증상이 여전한지도 물었다. 모두 다 괜찮아졌다 한다. 다행이었다. 우리는 반가움과 고마움을 주고받으며 한참 동안 자리를 떠나지 않았다.

우연한 기회에 떠났던 방콕 여행, 사노 스님과의 동행으로 어린 출가 스님들에게 장학금을 전달하고 스님의 건강을 빌고 돌아왔던 아주 특별한 여행. 그들을 통해 나는 겸손과 예의 감사함을 느꼈다. 지금도 따뜻한 온기가 느껴진다. 여행은 늘 누군가와 동행한다. 그곳에서 만난, 주지 스님과 사노 스님, 어린 출가 스님들을 통해 진정한 삶이 무엇인지 깊이 생각해 보는 시간이었다. 여행은 곧 나를 돌아보고 삶의 지혜를 배울 수 있는 또 다른 학교인 것 같다.

YOU GO WE GO

(신혜숙)

열네 번의 여행을 같이한 단짝 친구 이야기를 하려 한다. 부산에 이사 온 지 20년 됐다. 그녀의 닉네임은 피오나다. 피오나는 이웃사촌이다. 작고 아담한 그녀는 매일 나를 웃게 한다. 얼굴만 봐도 기분이 좋다. 그냥 떠올리기만 해도 미소가 저절로 지어지는 나의 엔도르핀이다. You go, we go를 항상 외치며 우린 모든 것을 함께 한다. "언니, 건강하게 오래 살아야 해. 그래야 나 맛있는 거 많이 해주지!" 하는 너스레에 웃는다. 그녀는 분위기 메이커다. 어디를 가든 주변에 좋은 에너지를 선물한다. 이야기를 재밌고 재치 있게 하는 타고난 재능이 있다. 너무 웃겨서 가끔 오줌을 지리게 한다. 마음도 여리고 따뜻하다. 지하도에 앉아 있는 불쌍한 사람을 보면 그냥 지나치질 못한다. 지갑에 지폐가 없으면 옆 사람한테 빌려서라도 주고 간다. 길에서 채소 파는 할머니를 보면 다 사야 한다. "할머니, 추운데 일찍 집에 들어가세요." 천사가 따로 없다. 나는 이런 친구를 좋아한다.

여행 가는 길, 기차역 승강장에 서 있을 때 지나가는 열차를 보고 손을 흔든다. 왜 그렇게 손을 흔들었냐고 물으면 기차 안에 사람들 모두 오늘도 행복하라고 기도했다고 한다. 맘 씀씀이가 예쁜 사람이다.

나는 그녀로 인해 삶이 다양해졌다. 글쓰기 공부를 같이 하자고 노트북 가방을 메고 집으로 온다. 둘이 글 쓰는 여행을 시작한다. 마주 앉아 쓴 글을 읽어보며 얘기하고 맞춤법도 고쳐준다. 작가 같다며 서로 칭찬하며 웃는다. 우린 공저를 쓴 초보 작가가 되었다. 제주도에 있는 책방 여행도 함께 했다. 작고 아담한 책방에는 서서 책보는 사람들의 숨소리와 책장 넘기는 소리만 있었다. 책을 사랑하는 주인의 손길이 느껴지는 책방이었다.

여행클럽에 가입해서 좋은 사람들과 여행을 다녔다. 울릉도, 독도를 시작으로 일본, 푸켓, 유럽 크루즈 여행을 함께 했다. 처음 일본 여행을 같이 갔다. 이 단짝 친구는 일본어도 제법 한다. 여행 중에 문제가 생기면 앞장서서 나선다. 그녀와 같이 다니면 어디를 가든 든든하다. 일본 여행 중 숙소가 며칠째 청소가 되어있지 않았다. 화가 난 그녀가 따지러 카운터에 갔다. 일어로 말하고 온다더니 표정과 손뼉 두 번으로 호탕하게 해결하고 왔다. 역시 그녀답다.

여행에서 같은 방에 누워있으면 TV를 켜 놓고 잠이 든다. 살며시 끄면 눈을 크게 뜨며 보고 있었다고 한다. 다시 TV를 켜면 바로 코를 골며 잔다. "드르렁, 냠냠" 금방 자면서 꿈속에서 무언가를 맛있게 먹는다. 잠든 모습을 보고 나는 기막혀하며 혼자 킥킥 웃는다.

여행 도중 면세점에 들어가면 그녀의 눈은 반짝이기 시작한다. 무엇부터 살지 망설이다가 어느새 쇼핑카트 안이 가득 차 있다. 선물할 사람이 많아서다. 나는 이것저것 빼며 꼭 필요한 것만 사자고 실랑이한다. 손길이 필요한 씀씀이가 큰 친구다.

　포르투갈에서 출발하는 유럽 크루즈 여행 때였다. 작은 룸에서 와인을 마시며 편한 분위기였다. 평소에 입어보지 못한 드레스를 맘껏 꾸미고 다들 모였다. 남자들은 나비넥타이에 정장 차림이다. 나는 전날 리스본 시내에서 산 등이 많이 파인 주황색 끈 드레스를 입었다. 지금 아니면 언제 입어볼 수 있을까 생각에 큰맘 먹고 샀다. 이런 내 모습이 낯설고 어색했다. 한 친구는 하얀 드레스를 입었다. 결혼식장에 들어가는 신부처럼 보였다. 서로 처음 보는 모습에 웃는다.

　자기 소개하는 시간이었다. 인사를 마치고 손을 들었다. 노래 한 곡 하겠습니다.

　You are my sunshine! / 당신은 썬 사인, 나만의 햇살 / 힘들고 지친 날 감싸줘요./ 아무 말 안 해도 알 수 있어요 / 얼마나 나를 사랑하는지,

　노래하겠다고 나가는 나를 보고 "언니! 왜 이래요. 와인 너무 많이 마셨어요?" 내 손을 붙잡았다. 내 행동에 눈들이 커지며 놀랜다. "친구에게 이 자리를 빌려서 고맙다고 인사하고 싶습니다." 잠시, 나의 고백이 감동이었는지 친구의 글썽이는 눈이 보였다. "멋져요." 옆자리에서 들려오는 소리다. 여행을 하면서 생긴 용기였다. 홀로 서지 못해 외로울 때 언제나 곁에 있어 준 그녀다.

　나는 쉰네 살에 처음 여행을 시작했다. 물론 이 친구와 함께였다. 해외 가는 비행기를 처음 탔다. 언니들은 나의 첫 해외여행을 축하한다

는 메시지를 보냈다. 아이 셋 성인이 될 때까지 키우고 나니 나이 오십을 훌쩍 넘기게 되었다. 큰아이 입시 끝나면 둘째 셋째로 이어졌다. 세월이 지난 후 나를 돌아볼 여유가 생겼다. 그러나 하루도 빠짐없이 약국을 지키는 남편을 두고 나 혼자 여행 다니기에는 미안한 마음이 있었다. 일본을 시작으로 태국, 서유럽을 여행했다. 처음 해외여행은 설렜다. 초등 시절 소풍 가기 전날처럼 잠을 설쳤다. 여행은 준비 과정부터 행복한 시간이다. 새벽부터 주먹만 한 유부초밥 만들고 과일을 넣어 도시락을 쌌다. 탑승을 기다리며 도시락을 까먹었다. 친구는 맛있다고 두 다리를 흔들며 즐거워한다. 잘 먹는 모습만 봐도 저절로 배부르다.

여행길에 동행하는 단짝 친구가 있다는 것은 행복한 일이다. 특별한 순간들을 만들어내고 여행의 즐거움이 두 배가 된다. 여행 도중 생일을 맞이한 친구를 위해 밤늦게 조그만 초코파이와 초를 준비했다. 모두 얼굴에 마스크 팩을 하나씩 붙이고 생일 축하 노래를 했다. 그때 사진을 보면 하얀 가부키 화장을 한 귀신들 같다. 서로 얼굴을 보고 사춘기 소녀들처럼 깔깔 웃었다. 우리 모두 잊지 못할 추억의 생일날이었다.

부산에서 후쿠오카는 제주도 가는 것보다 가깝다. 싼 항공권이 있으면 우린 자주 가방을 싸서 번개 여행을 갔다. 여행 목적은 쇼핑과 맛집 투어였다. 우린 오랜 전통 장어집과 현지인만 안다는 곱창 전골집을 좋아했다. 그릇에도 관심 많은 우리는 백화점 코펜하겐 매장에 자주 갔다. 단골손님이 되었다. 직원들이 반갑게 맞이한다. '오하요 고자이마스!' 귀한 그릇이 깨질세라 싸고 또 싸고, 무거운 줄도 모르고 캐리어에 꽉꽉 넣어 끌고 다녔다. 예쁘다고 사고, 나중에 필요할 것 같다고 사고 계획에도 없던 쇼핑도 많았다. 그릇에 푹 빠져 있었다 "오늘은 어느 잔에 마실까?" 그때 산 찻잔들을 커피와 녹차를 끓여서 자주 사용하고 있다. 우리는 이렇게 똘똘 뭉쳐 다녔다.

나는 혼자 여행하는 것은 엄두조차 못 냈다. 혼자 여행하는 사람이 부럽고 멋졌다.

큰 결심 하고 12월에 의지하고 다니던 피오나와 떨어져 혼자 한달살이 여행을 갔다. 허전했지만 변화된 나의 모습을 보여주고 싶었다. 웃겨주길 기다리지 않고 스스로 웃을 일을 만드는 사람이 되겠다고 다짐했다. 몰타에서 한 달 생활은 즐거웠다. 아침 가방 메고 모여 어학당 가는 시니어들 모습은 학창 시절을 생각나게 했다. 어학연수지만 영어를 유창하게 잘 거라 기대하지는 않았다. 그냥 즐겼다. 이곳에서 누구도 기대지 않고 나의 일상을 지냈다. 매 일이 특별하지 않아도 여유롭게 생활했다. 현지인처럼 편한 복장으로 이곳저곳을 어슬렁거렸다. 혼자 바닷가 산책도 하고 카페에 앉아 책을 읽고 글도 썼다. 지나가는 다정한 노부부를 보며 눈물을 글썽거리기도 했다. 손을 꼭 잡고 천천히 발맞춰 걷는 모습이 아름다웠다. 밤에는 바닷가 벤치에 앉아 별 보며 노래도 불렀다. 서툰 영어를 하면서 버스 타고 시내 투어도 했다. 주말에만 열리는 새벽 생선 시장 구경도 재밌다. 싱싱한 해산물을 사와서 파스타를 해 먹었다. 저렴한 콜라비로 깍두기도 만들었다. 그런대로 먹을 만했다.

열흘을 남겨두고 피오나와 친구 두 명이 이곳에 왔다. 먼 길 오느라 수고한 친구들에게 숙소 현관문에 환영 플래카드와 샴페인을 준비했다. 눈물이 날 정도로 반가웠다. 피오나를 데려와 줘서 고마웠다. 우린 다시 뭉쳤다. 혼자 걷던 바닷가도 같이 가고 시티투어 버스를 타고 몰타 관광지를 다녔다. 둘이 꼭 붙어 다녔다. 주변에서 내 얼굴이 밝아졌다고 한다. 짝꿍 만나서 그렇게 좋냐고 놀렸다.

시칠리아의 푸른 지중해 바다와 그리스·로마 원형극장을 보는 순간 "와" 감탄사가 절로 나왔다. 가랑비도 내려서 그곳 풍경이 더 운치가 있었다. 가슴 벅찬 경치 앞에서 사진도 많이 찍었다. 이 아름다운 곳을 같이 볼 수 있어서 다행이고 행복한 시간이었다. 소중한 추억을 하나 더 만들었다.

우정도 그냥 이루어지는 것이 아니라고 생각한다. 텃밭처럼 가꾸는 수고가 필요하다. 나와 단짝 친구는 서로 가꾸고 배려하며 지낸다. 나의 단짝 언제까지나 You go, we go!

나의 굿 파트너

(양정회)

2007년 3월 밀양으로 처음 출근하는 날이었다. 창원에서 밀양 학교까지는 약 50분 거리다. 시외로 운전해서 가는 출퇴근은 처음이었다. 잔뜩 긴장해서 출발했다. 20분쯤 가다 보니 내가 잘못 가고 있다는 생각이 들었다. 놀라서 갓길에 차를 세우고 남편에게 전화했다. "여보, 나 지금 부산으로 가고 있는 거 같아. 나 어떻게 해?"

남편은 거기서 조금 더 가면 돌아오는 곳이 있으니 걱정 말라고 했다. 근무 첫날부터 지각할까 봐 걱정했는데 다행히 제시간에 도착했다. 남편한테 잘 도착했다고 문자를 보냈다. 가다가 오른쪽으로 빠져야 하는데 그냥 지나쳐버렸다. 그 후로 많이 가보지 않은 곳은 적어도 30분 정도 일찍 출발하는 버릇이 생겼다. 요즘은 도로에 분홍색, 초록색 유도선이 있어서 좋다. 나처럼 길눈이 어두운 사람에게 도움이 많이 된다.

한번 왔던 곳도 못 찾아갈 때가 있다. 딸은 그런 나를 닮지 않았다. 공간 감각이 좋다. 처음 간 곳도 지도만 있으면 어디든 잘 찾아간다.

몇 번 와본 적이 있는 사람처럼 정확하다. 딸 혜민과 함께 하는 여행은 항상 편안하고 든든하다.

딸이 대학생이 되면서 같이 여행을 하기 시작했다. 지금까지 서른 개의 나라, 예순 개가 넘는 도시를 여행했다. 남미, 미국, 캐나다, 호주, 유럽, 동남아 등. 내가 직장을 다닐 때는 방학에, 퇴직하고 나서는 주로 긴 연휴를 이용했다.

"엄마, 이번에는 어디로 가면 좋을까?" 우리는 적어도 6개월 전에 가고 싶은 곳을 정한다. 딸이 항공권과 숙소 예약을 먼저 한다. 나는 꼭 가보고 싶은 곳, 맛집, 핫플레이스, 체험해 보고 싶은 것을 블로그를 찾아보거나 여행 책자를 보고 메모하며 공부한다. 여행은 아는 만큼 보인다고 했다. 딸은 내가 정리한 것을 보고 세부적인 계획을 짠다. 더 줄이기도 하고 보충하기도 한다.

남편은 다섯 시간 이상 비행기 타는 것을 힘들어한다. "가고 싶은 곳이 있으면 갈 수 있을 때 가봐야 하고. 하고 싶은 일은 할 수 있을 때 해봐야 한다."라고 하면서 늘 우리 모녀의 여행을 지지한다.

2020년 1월 설 연휴. 중국 우한에서 코로나가 발생했다는 뉴스가 매일 있을 때였다. 이미 항공권과 숙소 예약을 한 상태라 그냥 떠나기로 했다. 이번 여행지는 캐나다 빅토리아와 밴쿠버, 미국 시애틀이다. 이곳은 딸도, 나도 처음이다.

밴쿠버 공항에 도착했다. 픽업 버스를 타고 빅토리아로 가는 페리를 타기 위해 이동했다. 우리를 태운 버스가 페리 안으로 들어갔다. 잠시 후 버스에서 내려 페리 객실로 올라갔다. 객실 안은 사람들로 가득 차 있었다. 통창 밖으로 바다가 끝없이 보인다. 늦은 오후의 햇살을 받아 반짝였다. 1시간 30분 만에 빅토리아에 도착했다. 캐나다에서 가장 따뜻한 지역이다. 봄과 여름에는 도시 전체에 꽃이 핀다고 했다. 은퇴 후 가장 살고 싶은 도시라고 한다.

다음날 비콘 힐 공원 산책을 했다. 빅토리아가 자랑하는 도심 공원 이다. 산책로를 따라 걸었다. 중간중간 벤치도 있었다. 반려견을 데리 고 산책 나온 사람들도 보인다. 잔디밭에 공작새 여러 마리가 놀고 있 었다. 같이 사진 찍고 싶어서 가까이 가면 멀리 달아났다. 연못 옆 벤 치에 앉았다. 좀 걸었더니 더웠다. 코트를 벗었다. 연못의 청둥오리들 이 무리 지어 놀고 있었다. 나들이 가는 오리 가족들 같았다. 빅토리 아 다운타운은 그렇게 크지 않다. 걸어서 두 시간이면 여행하기에 충 분했다. 도시가 깨끗하고 조용하다. 여기서 한 달 살기 하면 딱 좋겠다 고 생각했다.

아침 일찍 페리를 타고 밴쿠버로 이동했다. 다음 날 오후에 잉글리 시 베이에 갔다. 석양이 아름답기로 유명한 곳이다. 사람들이 별로 없 어서 더 좋았다. 우리는 모래사장을 걸었다. 모래밭을 따라 아름드리 긴 나무둥치가 군데군데 길게 놓여 있었다. 나무둥치에 딸과 나란히 기대어 앉았다.

우리 옆 나무둥치에 모녀로 보이는 두 사람이 앉아 있었다. 몸이 조 금 불편해 보이는 노모와 산책을 나온 것 같았다. 나는 그 모습을 보 면서 친정엄마 생각을 했다. 딸도 외할머니 생각이 난다고 했다. 어렸 을 때 시골 외갓집에서 있었던 이야기를 꺼냈다. 집 앞 냇가에서 물놀이하다가 미끄러져 물에 빠졌던 일. 외할머니와 같이 찹쌀 부꾸미를 만들어 먹었던 기억. 갑자기 그 부꾸미가 먹고 싶다고 했다. 엄마가 반죽을 해서 동글납작하게 빚어 주면, 우리는 집 뒷산에서 따 온 진달래 꽃잎을 찹쌀 부꾸미 위에 붙여 노릇노릇하게 구웠다. 생각만 해도 입안에 침이 고였다.

찹쌀 부꾸미 말을 들으면 항상 친정엄마가 생각난다. 엄마와 여행해 본 적이 한 번도 없다. 딸이 일곱 살, 내가 서른여섯 살 때 돌아가셨다. 뭐가 바빠서 그리 빨리 떠났을까? 같이 여행도 하고, 잘 자라준 손녀 손자도 보고 좋아하셨을 텐데. 딸과 여행할 때면 엄마가 문득 떠오르고 그립다. 겨울 바다와 붉은 저녁노을이 잘 어울린다. 파도가 잔잔한 바다를 딸과 함께 한참 동안 바라보았다. 딸이 쉴 새 없이 수다를 떨 때도, 조용히 같은 곳을 바라볼 때도 언제나 나의 좋은 파트너다.

작년 일월 초, 문화센터 영어반에서 알게 된 선희 언니에게 전화가 왔다. 제주도 호텔 숙박권 두 개가 생겼다고 함께 가자고 했다. 나는 잠시도 망설이지 않고 좋다고 했다. 제주에 조금 더 오래 있고 싶어 첫 비행기를 예약했다. 2박 3일간의 일정이었다. 차를 빌리지 않고 뚜벅이 여행을 하기로 했다. 핸드폰에 네이버 지도 앱과 카카오T 앱을 깔고 사용법을 아들에게 배웠다.

공항에 도착해 짐을 찾고 시외버스 타는 곳으로 갔다. 서귀포 버스 터미널까지 가기 위해 800번 버스를 탔다. 버스 기사에게 서귀포 버스 터미널로 가는 게 맞냐고 다시 확인했다. 가는 중간중간에 다음 정류소를 안내하는 방송이 나왔다. 서귀포 터미널에 도착해 택시를 타고 숙소로 갔다. 숙소는 올레길 7코스 바로 옆에 있었다. 배가 고팠다. 숙소에서 추천하는 맛집을 찾아 올레길을 따라 걸었다. 왼쪽에는 푸른 바다, 오른쪽에는 예쁜 카페와 맛집들이 많았다.

오후에는 숙소에서 그리 멀지 않은 동백꽃 명소, 제주 동백 수목원에 갔다. 동백꽃이 활짝 피어 있었다. 동백나무 아래에는 빨간 꽃잎들이 이불을 깔아놓은 듯이 내려앉아 있었다. 동백나무 사이를 오가며 사진을 많이 찍었다.

돌아오는 길에 언니가 보말 칼국수 먹고 싶다고 했다. 서귀포 중문 보말 칼국수 맛집을 찾아갔다. 짙은 녹색 면발이 쫄깃쫄깃했다. 걸쭉한 국물이 건강해지는 맛이었다. 우리는 국물까지 다 마셨다. 사장님이 톳으로 직접 뽑은 면이라 더 쫄깃하다고 했다.

앱을 이용해 택시를 부르고, 시외버스를 타고 또 시내버스로 갈아타고 다녔다. 스스로 알아보고 직접 길을 찾아다니는 뚜벅이 여행. 새롭고 알아가는 재미가 있어 뿌듯했다. 다음에 또 시도해 보고 싶었다. 딸이 아닌 다른 사람과의 여행에서 내가 주도적으로 한 보람된 여행이었다.

우리는 여행에서 서로의 역할을 채워가며 성장한다. 삶에서도 익숙함을 벗어나 새로운 시선으로 상대를 바라보고 함께 시간을 나눌 때 더욱 돈독해진다. 딸과 함께한 여행은 늘 든든하고 편안하다. 일상에서 잠시 벗어난 우리에게 큰 위로가 되었다. 당신의 여행에서 굿 파트너는 누구인가요? 나의 여행 친구, 굿 파트너는 딸 혜민이다.

1-8
터닝 포인트

(유향은)

공자 말씀에 서른은 마음이 확고하게 서서 움직이지 않는 나이라고 했다. 하지만 난 서른이 되던 해에도 바로 서지 못했다. 대부분의 시간을 주방에서 보냈다. 해가 떠 있는 하늘을 보며 하루를 시작해 달이 뜬 밤이 되어야 퇴근했다. 출근하면 그날 사용할 식자재를 분리하고 냉장고에 들어갈 식품을 정리한다. 점심 영업시간이 가까워 오면 재료를 썰고 미리 삶고 볶는다. 오전 내내 정신없이 움직이다 보면 레스토랑의 문이 열리고 손님들로 가득 찬다.

홍익대학교 부근에 위치한 레스토랑이었다. 학생과 여행자들이 많이 찾아 왔다. 오픈 시간 전부터 기다리는 사람이 많았다. 놀이공원의 롤러코스터처럼 기다리는 줄 같았다. 고된 하루가 예상되었다. 마음을 숨긴 채 밀려드는 주문서를 보며 뜨거운 불판 앞에서 파스타 리소토 스테이크를 정신없이 만들었다. 오후 세 시 휴식 시간이 되어서야 겨우 허리 굽히고 앉을 수 있었다. 불 앞에 서 있었던 나는 땀으로 흠뻑 젖었다. 간신히 숨을 돌린다. 늦은 점심을 먹고 다시 주방으로 향했다. 저녁 영업에 필요한 재료 준비를 위해 다시 빠르게 움직여야 했다. 주방은 늘 분주하고 바빴다.

브레이크 타임이 끝나면 손님들은 다시 밀려 들어온다. 하루 종일 불판의 열기 앞에 서서 저녁 영업까지 마치면 손가락 하나도 움직일 힘이 없다. 나의 몸은 전투를 마친 투사 같았다. 아직 끝나지 않았다. 마지막 힘을 짜내어 마감 청소까지 끝내야 하루를 마무리할 수 있었다. 녹초가 된 몸으로 집에 도착한다. 씻고 침대에 누우면 기절하듯 잠이 든다. 매일 그런 날의 반복이었다. 웃고 있는 내 모습을 본 지 오래다. 거울에 비친 나는 표정이 없다. 하루하루가 권태로웠다. 이 일을 계속해야 하는지 의심마저 들었다. 이런 상태로 서른을 맞이하고 싶지 않았다.

떠날 결심을 했다. 어디로 갈지 무엇을 할지 며칠을 고민했다. 네이버에 '인생 여행'이라고 검색했다. 동남아의 휴양지, 깨달음의 성지라는 인도, 오로라를 볼 수 있다는 아이슬란드까지 흥미로운 여행지가 많았다. 여러 장의 사진을 넘기다 한 장의 사진에서 멈추었다. 푸른 하늘이 발아래에 펼쳐진 비현실적인 광경이었다. 사진 속 사람은 판초를 걸치고 두 팔을 벌려 하늘을 바라보고 있었다. 그곳이 우유니 사막이라는 것을 알게 됐다. 그렇게 지구 반대편 소금사막에 홀려버리고 말았다. 남미로 떠나기로 했다.

당시 남미 여행에 관한 정보는 많지 않았다. 인터넷 검색하며 공부하기 시작했다. 반복적인 일과에 지쳐 있던 나에게 새로운 자극이었다. 알면 알수록 매력적인 장소였다. 남미는 세계 7대 불가사의인 마추픽추와 우유니 사막까지 품고 있다. 매일 그곳을 여행할 생각뿐이었다.

2018년 9월 20일 13박 14일의 일정으로 여행을 떠났다. 프랑크푸르트, 상파울루, 리마를 경유해 설악산 두 배 높이에 있는 쿠스코 공항에 도착했다. 한국을 떠난 지 34시간 만이었다. 쿠스코는 비니쿤카와 마주픽추 투어를 위해 방문한 도시로 이곳에서 4일을 머무를 예정이었다. 한인 게스트 하우스를 예약했다. 혹시나 고산병에 걸리면 도움을 받아야 하니 그곳이 편할 것 같았다.

거기에서 아름이라는 친구를 만났다. 나와 같은 서른의 나이였다. 허리까지 오는 보라색 머리가 인상적이었다. 팔, 옆구리, 종아리, 허벅지에는 크고 작은 문신이 있었다. 문신의 대한 선입견 때문에 선뜻 마음이 가지 않았다. 그러나 그녀는 매우 친절한 사람이었다. 잠자리가 춥지 않은지 걱정해 주었고 아침 식사가 입맛에 맞는지 물어봐 주었다. 그렇게 아름이는 나를 챙기는 사람이었다. 비니쿤가에 가는 날에는 찬바람에 귀가 얼어서 떨어질 수도 있다며 자신의 하얀 털모자도 내주었다. 그녀의 친절들 앞에서 나의 선입견은 무너졌다. 동갑인 우리는 빨리 가까워졌고 많은 이야기를 주고받았다.

아름이는 게스트 하우스의 직원으로 일하며 여행 중이라고 했다. 대학을 졸업하고 스물네 살에 중국으로 첫 여행을 갔다고 했다. 더 긴 여행을 하기 위해 일을 시작했다고 한다. 중국의 유치원에서 한국어 교사로 일하며 중국 각지를 다녔다고 했다. 스물일곱 살에는 베네수엘라로 가서 다양한 아르바이트를 하면서 여행을 이어갔다. 축제라도 참여하게 되면 인생의 마지막인 것처럼 놀았다며 사진을 보여주었다. 페루에는 스물아홉 살에 왔고 2년째 머무는 중이라고 한다. 자신의 이야기를 하는 내내 신이 나 보였다. 그런 그녀를 보고 있으니 나까지 행복했다.

2주의 여행도 어렵게 결정한 나였다. 오랜 시간을 외국에서 지내는 아름이가 대단해 보였다. 좋아하는 여행을 계속하기 위해 낯선 곳에서 노동까지 결심한 그 용기가 부러웠다.

나에게도 외국에서 살아보고 싶다는 막연한 바람은 있었다. 정신없이 바쁜 한국보다 자유롭고 여유로워 보이는 외국의 삶을 동경했었다. 이십 대에는 도전이 무서웠다. 서른이 된 지금은 너무 늦었다고 생각했다. 그래서 포기한 꿈이기도 했다. 어쩌면 용기가 부족했던 나의 핑계였을지도 모른다.

주변에서 알려준 '서른'은 일에 집중해야 하는 나이였다. 그래서 하고 싶은 게 있어도 참아야 한다고 생각했었다. 하지만 이것은 나의 생각이었을 뿐 우리에게 늦은 나이라는 건 없다고 아름이가 알려주었다. 지금 하고 싶은 일을 하면서 살 수 있다는 것을 깨닫게 해주었다. 무엇이든지 행동으로 옮기면 된다. 나의 새로운 모습을 발견할 수 있는 건 그 첫걸음을 떼는 순간부터다. 그런 마음을 품고 우유니 사막을 보고 왔다. 처음에 혼자서 무모한 도전은 아닐까 걱정 했었다. 하지만 행동만 한다면 지금처럼 지구 반대편이라도 갈 수 있다. 남미 여행을 통해 마음가짐이 달라졌다. 여행을 시작할 때와는 다른 내가 되었다. 무엇이든 할 수 있을 것 같은 용기가 생겼다.

다음 해 서툰 영어로 지원서를 쓰고 화상통화로 면접을 봤다. 체코 프라하에 있는 한 레스토랑에 취직했다. 늘 꿈꾸어 왔던 외국에서의 생활을 시작하게 되었다. 살아보고 싶었던 도시에서 요리사로 일하며 사는 것이다. 그 사실만으로도 인생이 특별해지는 것 같았다. 지루해 보이고 답답했던 인생이 멋져 보였다. 페루에서 만난 그녀처럼 일을 하고 쉬는 날에는 가까운 나라를 여행했다. 늦었다는 생각으로 포기했다면 결코 얻을 수 없었던 행복이었다.

2년 후 코로나바이러스 때문에 한국으로 돌아왔다. 그리고 현재 권태로웠던 서른 살 때와 같은 인생을 살고 있다. 새로운 선택을 했지만 같은 일상으로 돌아왔다. 하지만 후회하지 않는다. 여행을 다니며 많은 사람을 만났다. 그들과 함께하면서 나의 편견들은 깨지고 성장했다. 하지 않았다면 후회했을 도전들이었다.

낯선 곳에서 새로운 나의 모습을 발견하며 서른 중반을 보냈다. 서른 후반은 어떤 도전을 하며 살아가게 될까? 많은 생각을 하며 하루를 보내고 있다. 5년 전의 경험이 없었다면 하지 못했을 생각과 고민이다. 요리가 아닌 새로운 일을 해볼까? 프라하 말고 또 다른 도시에 가서 살아볼까? 이런저런 생각을 하는 것이 좋다. 다른 사람들의 여행기를 보며 어디로 떠날지 상상해 본다. 여전히 여행하는 삶을 살고 있는 아름이를 만나러 가볼까? 아름이는 지금 유럽 여행 중이다. 나의 도전도 여전히 진행 중이다.

나의 미래를 그려보게 했던
할아버지들

(이지은)

한 번의 만남이지만 기억에 남는 외국인 할아버지 세 명이 있다. 피아노 연주를 해주셨던 후쿠오카 할아버지, 따스한 표정으로 사진 찍어주던 대만 할아버지, 소소한 이야기를 나누었던 대마도 할아버지.

작년 5월 야간대학교에서 만난 2명의 친구와 후쿠오카에 갔다. 운전을 잘하는 운과 일본어를 할 줄 아는 승희가 있어 든든했다. 첫날은 렌터카로 외과 지역을 구경하기로 했다. 오전 8시 비행기를 타고 10시쯤 후쿠오카에 도착했다.

일본에서 첫 끼를 먹기 위해 아침을 먹지 않은 탓에 배가 요동쳤다. 공항 근처에 튀김이 유명한 곳이 있다고 했다. 이름은 덴푸라 히라오. 렌터카를 찾아 바로 아침을 먹으러 갔다. 막 튀겨낸 바삭한 튀김에 밥한 그릇에 힘이 났다. 본격적인 여행 전 에너지를 북돋을 겸 커피를 마시기로 했다. 금방 마시고 목적지로 갈 예정이라 가까운 카페로 가기로 했다. 구글맵으로 검색해 보니 차로 5분 정도 걸리는 거리에 유메코히라는 카페가 있었다. 카페 근처에 주차하고 카페를 찾기 시작했다. 지도가 가리키는 곳에서 몇 번을 오가며 카페를 찾았다. 수수한 외관이라 한 번에 찾기 힘들었다. 간판을 겨우 찾고도 입구에서 잠시 머뭇거렸다. 카페가 아닌 것 같았다.

안을 들여다보았다. 로스팅 기계가 있었다. 원두도 있었다. 커피 파는 곳임을 확인한 후에야 문을 열고 들어갔다. 바 테이블엔 2명이 앉아 커피를 마시고 있었다. 바 안쪽에 깔끔한 체크 셔츠와 니트 조끼를 입은 흰머리의 할아버지가 있었다. 주인인 것 같았다. 우리도 자리를 잡고 메뉴판을 보았다. 드립 커피 전문점이었다. 여러 종류의 커피가 있었다. 메뉴판의 일본어 글씨만 보고는 주문이 어려웠다. 할아버지를 불렀다. 승희가 커피 추천을 부탁했다. 오랜 시간이 걸려 3잔의 커피를 주문했다. 5평 정도 되는 공간에 로스팅된 원두, 피아노, 기타, 커피용품이 있었다. 10분 정도 기다리니 커피를 가져다주었다. 영국 귀족이 사용할 거 같은 고급스러운 잔에 향기로운 커피를 담아주니 환대받는 느낌이었다. 커피 한 모금 마시며 카페 안을 둘러보았다. 입구 오른쪽에 로스팅 기계가 있었다. 향긋한 커피 향이 났다. 조금 더 들어가면 오른편에 커피 내리는 공간, 왼편엔 테이블과 의자가 있었다. 벽에는 여러 악기가 있었다. 전자피아노, 우쿨렐레, 첼로. 카페인데 악기가 많아 궁금증이 생기기도 했고 마스터 할아버지에게 괜히 말을 걸어보고 싶었다.

"악기 연주 좋아하시나 봐요. 기타와 피아노가 있네요."예전에 밴드 활동을 했다고 했다. 친구들과 함께 환호성을 지르며 엄지손가락을 세웠다. "우와! 스고이~!" 우리의 환호에 할아버지는 쟁반을 테이블에 두고 피아노 앞에 앉다. 왼손으로 쿵작쿵작 박자를 맞추면서 바이올린

곡으로 몬티의 차르다시를 연주해 주었다. 기억을 더듬더듬 느리게 연주했지만 그 몰두하는 모습이 멋졌다.

우연히 들른 카페에서 바리스타 할아버지의 커피와 피아노 연주까지 최고의 공연과 커피였다. 피아노 연주 후 지도를 펼쳐 근처 가보면 좋은 곳을 일본어로 열심히 설명해 주었다. 잘 알아듣지는 못했지만 즐겁게 여행했으면 하는 할아버지의 마음이 전해졌다. 다음에 또 오겠다는 메모를 냅킨에 적어두고 나왔다. 다음 목적지로 가는 내내 할아버지 이야기를 했다. 나이가 들어 멋진 노래를 한 곡 연주해 주며 따뜻한 음료를 건네는 나의 모습을 생각해 보았다. 인기 많은 젊은 시절을 보냈을 것 같은 후쿠오카 바리스타 할아버지, 또 만나러 가고 싶다.

더운 여름날 대만 여행을 갔다. 밴쿠버 어학 연수할 때 인연이 된 연주와 함께였다. 8월의 대만은 후덥지근하고 조금만 걸어도 땀에 흠뻑 젖었다. 도심 속 높고 낮은 건물들 사이로만 걸어 다니다 보니 바다나 강 바람을 쐬고 싶었다. 대만 여행 3일 차 숙소에서 나가기 전 어디를 여행할지 찾아보았다. 바다를 볼 수 있는 곳이 있었다. '단수이'었다. 영화 '말할 수 없는 비밀'의 촬영지로도 유명하다. 준비를 하고 서둘러 나갔다. 단수이행 지하철을 탔다. 1시간 정도 걸려 도착했다. 내리자마자 짠 바닷바람이 느껴졌다. 해가 지기 전까지 영화 촬영지였던 진리 대학교에 가서 사진도 찍고 골목길에서 망고 빙수로 땀을 식히기도 했다. 구석구석 걸어 다니며 시간을 보내다 석양을 보기 위해 단수이 해변공원으로 갔다. 공원을 둘러싼 상점에서 맥주와 대왕오징어튀김을 샀다. 이쁜 풍경을 보며 먹기 위해 둘러보다 석양을 잘 볼 수 있는 곳을 찾았다. 자리를 잡고 튀김 한입에 맥주를 들이켰다. 핑크빛으로 물든 하늘을 보며 마시는 맥주는 최고의 맛이었다. 기분이 좋았다. 점점 붉어지는 하늘을 사진에 담기 위해 맥주를 마시다 말고 폰을 들고 바다 근처로 갔다. 하늘도 찍고 노을을 배경으로 내 얼굴도 찍었다.

한 할아버지와 눈이 마주쳤다. 흰 반팔에 회색 체크무늬 7부 바지를 입은 할아버지였다. 한국 할아버지 모습과 비슷했다. 우리에게로 천천히 걸어왔다. 순간 한국말로 인사를 해야 하나 망설였다. 영어로 말을 했다. "사진 찍어 줄까?" 푸근한 인상의 할아버지에게 폰을 건네며 찍어달라고 했다. 손주를 보는 듯한 눈빛이었다. 여러 장을 찍은 후 어디서 왔는지 여행 중인지 짧은 대화를 했다. 사진은 솔직히 기대하지 않았다. 기대 이상이었다. 마음에 쏙 들었다. 핑크빛의 노을과 활짝 웃고 있는 나의 모습이 담겨있었다. 산타의 배를 가진 푸근한 단수이 할아버지. 생각만 해도 입꼬리가 올라간다.

2024년 6월 대마도에 갔다. 부산에서 배로 1시간 30분이면 일본을 느낄 수 있다. 배편도 저렴하고 가깝다. 첫째 날 낮에 숙소 근처를 자전거를 타고 둘러보았다. 너무 더워 자전거 빌린 것이 후회될 즈음에 눈앞에 아무도 없는 해수욕장이 나타났다. 수영을 했다. 더위를 식히고 다른 바닷가 앞에서 명란 바게트를 먹었다. 점심으로 스시도 먹고 간식으로 명란 바게트도 먹었는데 자전거를 열심히 탄 탓에 허기가 졌다.

대마도 오는 배에서부터 길 곳곳에 한국인이 많았다. 저녁 식사만큼은 현지인으로 가득 찬 곳에서 먹고 싶었다. 구글 검색을 통해 한국인이 없을 만한 이자카야를 찾았다. 이름은 초이토. 숙소에서 10분 정도 떨어져 있었다. 가로등 하나 있는 조용한 골목길에 위치해 있었다. 문을 열고 들어가니 차분한 분위기에 일본어만 들렸다. 삼삼오오 모여 이야기를 나누고 있었다.

목이 말라 시원한 맥주부터 한 모금 했다. 여러 메뉴를 주문했다. 나오는 음식이 모두 맛있었다. 우리 옆자리에 할아버지 셋 아주머니 한 분이 앉아 있었다. 내 바로 옆자리의 할아버지가 말을 걸어왔다. 일본어로 말씀하셔서 급히 파파고를 켰다. 그때부터 약 1시간 정도 파파고로 이야기했다. 어디서 왔는지, 커플인지, 대마도에서 어디 가보았는지. 갑작스레 시작된 대화였지만 즐거웠다. 우리 커플이 이뻐 보였는지 결혼은 했냐 잘 어울리는데 결혼은 아직 왜 안 했냐며 물었다. 농담으로 우리 돈이 없어서 결혼 못 한다고 했다. 그 이야기를 듣고 결혼식 대마도에서 작게 올리고 신혼여행은 대마도로 와서 할아버지 집에서 자라고 하셨다. 그리고 주섬주섬 지갑을 꺼내시더니 여행할 때 맛있는 음식 사 먹으라며 10000엔을 주었다. 너무 큰돈이라 우리는 마음만 받겠다 했다. 우리 이름을 알려드리고 싶어서 냅킨에 적어 주었다. 오늘 즐거웠다 인사했다. 숙소로 돌아오는 길에 할아버지 덕분에 오늘 기분 좋게 하루 끝내는 거 같다고 했다. 처음 보는 한국 청년들에게 호의를 베푼 따뜻하고 정겨운 할아버지였다.

여행을 하다 보면 나와 나이가 비슷한 사람, 나보다 어린 사람, 할머니 할아버지, 아줌마 아저씨 다양한 사람을 만나게 된다. 내 또래 친구와는 비슷한 고민을 나눌 수 있어 현재를 보게 한다. 나보다 나이가 많은 사람을 만나면 미래를 그려보게 된다. 나도 아줌마, 할머니가 되면 어떤 모습일까 생각하게 된다. 내가 젊었을 때 여행했던 모습처럼 모험하고 있는 친구들을 보며 친근하게 다가가 사진을 찍어 줄 수 있을까. 내가 만든 사이더를 건네 주며 멋지게 바이올린 연주를 해줄 수 있을까. 이쁜 커플을 보며 여행하면서 맛있는 음식 먹으라며 용돈을 줄 수 있을까. 여러 모습을 상상해 본다. 일상에서 그리고 여행을 하면서 닮고 싶은 사람을 만나게 되면 나 또한 그렇게 행동할 수 있도록 연습을 해봐야겠다. 그러다 보면 닮고 싶은 사람들의 모습을 보여 줄 수 있을 거 같다.

1-10

사사로운 내 삶의
한 부분

(홍순옥)

　잠결에 소곤거리는 소리가 계속 들렸다. 잠결에 시계를 보았다. 자정이 다 되어가고 있었다. 불은 꺼져 있었는데, 켜 놓은 TV 불빛이 온통 방안을 가득 채우고 있었다. 화장실에서 엄마를 챙기는 동생의 모습이 보였다. 그 밤에 잠이 오지 않아 목욕하겠다는 엄마를 부축하고 있었다. 방 한쪽에는 잠들지 않은 조카가 핸드폰 게임을 하고 있었다. 보는 이 없는 TV는 혼자 떠들고 있었다. 한밤중에 안 자고 뭐 하냐며 동생에게 짜증 섞인 목소리로 물었다.

　엄마의 평상시 습관이 잠이 오지 않으면 늘 TV를 밤새 틀어놓는다고 했다. 그런 상황이 익숙한 동생은 같이 잠에서 깨어 엄마를 돌본다고 했다. 눈앞의 광경은 집에서의 모습을 재연이라도 하는 듯 둘 사이에서는 자연스러운 행동들이었다. 같이 여행을 와 보니 두 사람의 일상이 그대로 보였다.

　옷도 입혀주고 신발도 신겨주고 흘린 음식도 닦아주었다. 걸을 때는 항상 한쪽 팔을 엄마에게 내주었다. 딱히 시켜서라기보다 그냥 자연스럽게 움직이는 동생이 고맙다기보다 안쓰럽고 미안했다.

형제들이 엄마 옆에 없는 시간을 그렇게 동생이 채웠다.

동생 경빈이는 글을 모른다. 물론 숫자도 몰라 필요한 것들 몇 개를 그림으로 기억해두는 것 같았다. 혼자 차를 타는 것도 어렵고 돈 계산도 하지 못한다. 말도 어눌하다. 지적장애가 있는 동생은 자기주장이 거의 없다. 예전엔 엄마가 그런 동생을 돌보았다. 이제 엄마가 나이가 드니 동생이 엄마를 돌보게 되었다. 물론 웬만한 일들이나 대소사는 형제들이 챙겨나간다. 그렇더라도 소소한 집안일이나 엄마 식사를 챙기는 일은 온전히 동생 몫이었다.

서로를 챙기고 돌보며 지내는 두 사람과 함께하는 여행을 계획했다. 하루 잠깐 다녀오는 여행과 잠을 함께 자는 여행은 달랐다.

몇 달을 미뤄왔다. 얼마 전부터 엄마의 건강 상태가 좋지 않았다. 기운도 없고 제대로 걷지 못해 비틀거리기 일쑤였다. 건강이 더 나빠지기 전에 계획한 여행을 다녀오고 싶었다.

조카가 좋다고 선택한 호텔로 예약했다. 내 동생 경빈이는 나보다 결혼을 빨리했다. 동생의 아들인 조카 남경은 내 아들보다 형이다. 남경은 태어날 때부터 중복 장애(뇌병변, 지적장애)를 가지고 태어났다. 남경은 일반 고등학교를 졸업하고 자립하여 회사 생활을 시작한 지 10년이 넘은 사회인이다.

남경을 지원하는 사회복지사 선생님 덕분에 장애인복지관 여행프로그램에 신청했다. 당일과 1박 2일, 2박 3일 중 선택할 수 있었다. 우리는 1박 2일을 신청했다. 그렇게 전주 한옥마을 여행이 성사되었다.

파킨슨병 진행으로 거동이 불편해지고 있는 친정엄마였다. 세 시간 이동시간을 견딜 수 있을지 걱정이었다. 내 걱정과 달리 엄마는 여행을 위해 링거까지 맞으며 그날을 기다렸다.

아들과 함께하는 여행이 처음인 동생도 신이 났는지 일찌감치 짐을 싸두었다.

동생은 모처럼 밝게 웃으며 즐거워했다. 하필 장대비가 내리는 날 출발하게 되었다. 창밖에 장대비가 와 운전이 신경 쓰이는 나와 다르게 세 사람은 편안한 미소로 여행을 즐기기 시작했다. 아침 일찍 서둘렀는데도 비가 내리는 고속도로를 달리다 보니 점심시간이 훌쩍 지나 전주에 도착했다. 차 안에 미리 챙겨둔 과일과 견과류가 입에 맞지 않는다며 먹지 않았다. 배고프다고 다들 난리였다.

예약된 식당으로 갔다. 점심시간이 지나서인지 식당은 한산했다. 널찍하고 고급스러운 식당에는 두세 명의 손님이 있을 뿐이었다. 추천받은 다슬기탕과 부추비빔밥을 주문했다. 어렸을 때 친정아버지는 큰 강가에서 다슬기를 자주 잡아 오셨다. 우리는 다슬기를 '올뱅이'라고 불렀다. 가족과 함께 올뱅이 잡으러 강가에 놀러 다녔던 기억이 났다. 다슬기탕과 부추비빔밥이 나오기 전 한 상 가득 반찬이 먼저 차려졌다. 버섯볶음, 무청 볶음, 전, 직접 담근 김치 등 20여 가지가 넘는 밑반찬이 나왔다. 전주에 왔다는 것이 실감 났다. 집에서는 한두 숟가락만 겨우 드시던 엄마가 반찬마다 맛을 보고 다슬기탕과 영양밥까지 거뜬히 다 드셨다. 식사하는 동안에도 동생은 엄마가 혹여 국물이라도 흘릴지 신경을 곤두세우며 밥을 먹었다.

굵은 비가 잦아들고 보슬비가 내렸다. 비가 오기 때문인지 사람들이 많지 않아 한옥마을을 산책하기에 좋았다. 엄마 곁을 떠나지 못하던 동생에게 아들과 함께 '자만 벽화 마을'을 구경하고 오라고 보냈다.

잠시라도 엄마와 분리해야 자유 시간을 즐길 수 있을 것 같았다. 연로하신 엄마와 함께 사는 동생에게 늘 미안하던 터에 오게 된 여행이었다. 어떻게든 이번 여행에서만큼은 엄마의 수발을 내가 도맡아야겠다고 생각하고 있었다. 이미 익숙해져 있는 둘을 잠시라도 분리해 동생이 자기만의 시간을 가져보게 하고 싶었다. 엄마 캐리커처도 그려보고 알록달록 예쁜 가방과 모자 액세서리 상점 구경도 했다.

한 시간쯤 후 조카와 동생이 돌아왔다. 둘이 예쁘게 찍은 사진도 보여주며 즐거웠는지 환하게 웃었다. 사진 찍는 것을 좋아하는 동생은 꽃과 벽화를 제법 예쁘게 찍은 사진을 자랑했다.

수공예품 상점에서 엄마에게 핸드폰과 지갑을 넣어 다닐 수 있는 크로스백과 에티켓 수건을 사드렸다.

파킨슨 환자에게선 좀처럼 보기 힘든 환하게 웃는 표정을 보여주었다. 꽃 자수가 있어 더 마음에 들었던 모양이다. 동생과 나는 양쪽에서 엄마 손을 부축하며 걸었다. 한참을 걷다 보니 손목이 아파졌다.

반대편에서 엄마 손을 잡은 동생을 보았다. 매번 이렇게 동생이 엄마를 챙겼겠다고 생각하니. 가슴이 먹먹해 왔다.

내가 초등학교 6학년 때였다. 동생은 2학년이었다. 장애인에 대한 인식이 부족했던 시절이라 동생의 학교생활은 평탄하지 못했다. 친구들의 놀림과 따돌림 속에서 준비물을 잃어버리는 일이 반복되었다. 엄마는 수시로 동생 담임 선생님을 찾아가 머리를 숙였다. 학습도 인지 능력도 부족한 동생이었다.

당시는 장애인에 대한 인식이 없다시피 하던 때였다. 그런 동생한테 어떻게 해주어야 하는지 무엇을 해야 하는지도 몰랐다. 언니로서 내가 뭘 제대로 해주지 못하는 것에 대한 미안함만 가득했었다.

어느 날 동생의 담임 선생님이 나를 불렀다. 부모님께 얘기해 동생의 자퇴 신청서에 도장을 찍으라고 했다. 1학년만 세 번을 다니다가 겨우 2학년으로 올라온 동생이었다. 부모님도 더 이상 어쩔 수 없었던 상황이었다. 선생님이 시키는 대로 도장을 찍었다. 어린 나에게 그 일은 감당하기 어려운 충격이었다. 부모님이 아닌 내가 동생의 자퇴 신청서에 도장을 찍어야 했다는 사실은 오랫동안 깊은 상처로 남았다. 내가 도장을 찍은 날부터 동생은 더 이상 학교에 다닐 수 없게 되었다. 깊은 죄책감을 느꼈다.

당시 우리 고향에는 특수학교도 장애인을 위한 교육지원도 없었다. 그 일이 내 잘못이 아니었음을 안다. 그리고 누구의 잘못도 아니었음을 지금은 안다. 사람은 서로를 이해하고 함께 나아가야 한다는 것도 알게 되었다. 그때의 마음속 상처는 그대로 끝나지 않았다. 난 장애인 복지 현장에서 일하는 사회복지사가 되었다. 아마도 그 일이 지금의 나를 만들었을 것이다.

누구나 삶에서 어려운 순간을 겪고, 그로 인해 상처를 받기도 한다. 동생도 그때의 상처가 있었을 것이다. 하지만 그 상처가 치유될 수 있도록, 서로의 아픔을 공감하고 따뜻하게 손을 내밀어야 한다는 것을 잊지 말아야 한다. 동생과 함께한 여행에서 동생을 조금 더 깊이 사랑하게 되었다. 보지 못하던 것을 볼 수 있게 해주었던 시간이었다. 여행이 끝나고 우리는 각자의 자리로 돌아와 같은 일상을 살고 있다. 한 번의 여행으로 상황이 달라지지는 않았다. 서로를 더 의지하고 이해하는 마음이 생겨난 것은 분명하다.

2장
····

예상치
못한
모험

유럽 4월의 봄
아찔한 기억

(권경희)

　매사에 무슨 일이 일어나면 화부터 내지 말고 기다려봐야 한다. 열두 시가 되어간다. 여행클럽 회원들은 두 시간이 넘도록 햇볕과 바람이 부는 광장에 서 있었다. 그들에게 지금껏 있었던 일들을 말했다. 차 시동 소리와 웅성거리는 주위의 소리는 시끄러웠지만 모두 눈을 크게 뜨고 뒤쪽에서는 발뒤꿈치를 들고 이야기를 끝까지 들어 주었다. 누구도 불만을 말하거나 우리에게 짜증이나 화를 내지 않았다. "에고 두 사람이 애쓰네" 해주었다. 누군가는 큰 소리로 "그러면 하루 더 자고 가지 뭐." 서로 얼굴을 마주 보며 그래 그러지 뭐, 해주었다. 진정한 우리 편 멋진 여행 파트너였다.

　교수님과 나는 이번 여행 리더였다. 2023년 4월 30일 10일간의 유럽 크루즈 여행을 마친 우리 서른세 명은 독일 킬 항구에 도착했다. 하선의 절차를 마치고 28인치의 캐리어를 밀며 광장으로 나왔다. 오전 열시었다. 예약 시간보다 한 시간 일찍 광장으로 나왔다. 우리는 함부르크 공항으로 갈 리무진을 기다리고 있었다. 가방을 두 줄로 세워 놓고 서로 여행 이야기에 신이 나 있었다.

　광장은 크루즈에서 내리는 사람들로 북적거렸다. 열대가 넘어 보이는 하얀 색깔의 셔틀버스에 MSC이라고 적혀있다. 예약자 리스트 보면서 여행객들을 태우고 출발하고 다시 돌아왔다. 그러기를 반복하고 있었다.

　예상하지 못하는 일이 생길 때 함께 해결책을 찾는다면 힘든 순간들이지만 서로에게 의지가 된다. 교수님은 어딘가 계속 통화하고 있었다. 내가 물었다. 교수님 우리가 타고 갈 차는 열한 시까지 온다고 했죠? 교수님은 심각한 표정으로 회원들이 있는 쪽에서 등을 돌려 내게 작은 목소리로 말을 했다.

　"아마도 문제가 생긴 거 같아요. 회사에서는 기사가 출발했다고 하고 기사는 전화를 받지 않네요."

　순간 무슨 말을 해야 할지 아무 생각이 떠오르지 않았다. 아직 열한 시 전이니 오고 있을 거라고 믿고 싶었다. 다시 시계를 보았다. 열한 시 오 분이었다. 버스회사는 한 시간 동안 같은 말과 메시지만 반복하고 있다고 했다. 교수님은 전화기를 들고 기사와 버스회사에 번갈아 가며 전화를 계속하고 있었다. 나는 대기하고 있는 버스마다 가서 예약자가 원희정이냐고 물었다. 나는 '원희정'을 외치며 뛰어다녔다. 등에 메고 있는 배낭이 춤을 추고 있었다. 열 대가 넘는 버스 운전 기사에게 물었다. 숨이 찼다. 땀에 젖은 티셔츠와 배낭은 엉겨 붙어 더 무겁게 느껴졌다.

　멀리서 보고 있던 남편이 내게로 왔다. 간단하게 상황을 말했다. 남편은 내가 했던 것처럼 버스마다 예약자를 한 번 더 확인하고 있었다. 회원들은 아무것도 모른 채 서로 이야기를 주고받고 있었다. 버스회사에 마지막으로 한번 확인을 해보고, 회원들에게 늦어지는 이유에 대해 말해 줘야 했다. 버스회사에서는 운전기사가 도착해 있다고만 했다. 나와 남편이 광장에 대기하고 있는 버스 한 대도 빠짐없이 다 물어봤는데 예약자가 아니라고 했다. 광장 옆으로 검은색 밴들이 줄지어 서 있었다. 그들에게 도와달라고 했다. 그들도 우리가 안타까운 듯 분주하게 통화를 여기저기에 했다. 짐이 있어서 밴 일곱 대 정도는 있어야 했다. 계속 알아보겠다고 했다. 우리는 서로의 얼굴만 볼 뿐이었다. 10분이 흘렀다. 오늘 배에서 3000명이 하선하기 때문에 그만큼 차가 없다고 했다. 가까이에 있는 기차역으로 가려고 해도 30분 거리를 모두가 큰 캐리어를 끌면서는 갈 수는 없었다. 택시 라인에도 이미 수십 명이 줄을 서 있었다. 열대가 넘는 택시에 나눠 탄다고 해도 시간 안에 공항에 도착하는 것은 불가능 한 일이었다. 좀처럼 흥분하거나 놀라지 않는 교수님의 얼굴도 걱정이 가득했고, 무표정했다. 어떠한 경우에서도 포기하지 않고 찾아야 한다. 비행기를 타려면 30분 안에는 차량이 해결되어야 한다.

입구 쪽에서 버스 한 대가 들어오고 있었다. 셔틀버스가 아닌 리무진이 있었다. 순간 우리 둘은 버스 쪽으로 동시에 달려가 운전석 유리문을 두드렸다. 우리가 예약한 버스는 아니었다. 다른 방법이 없었다. 울먹이는 목소리로 회원들이 서 있는 쪽을 가리켰다. 비행기를 놓치게 되었다고 리무진을 알아봐 달라고 했다. 다 듣고는 잠시 기다려 보라고 하고는 어디엔가 전화했다. 한 시간 30분간 광장을 동서남북으로 토끼처럼 뛰어다니며 가슴 졸이던 일이 해결될 것 같은 순간이었다. 30분 후에 이곳으로 차 한 대가 올 거라고 한다. 비용은 600유로라고 했다. 하느님 부처님 감사합니다. 난 무작정 회원들께 뛰어갔다. 급한 마음에 앞뒤 없이 누구든 유로를 가지고 있으면 빌려달라고 했다. 박 사장님은 뭘 좀 사려고 현금 많이 가져왔는데 살 게 없어서 안 샀다 며 돈을 바로 내주었다. 돈을 받아 손에 들고 다시 뛰어 광장 중앙으 로 갔다. 차를 기다리는 동안. 기도했다. 만약에 금방 오겠다고 한 버 스가 오지 않거나 더 늦어지면 우리는 비행기를 놓친다. 올 거라 믿었 다. 잠시 걱정을 내려놓으며 생수 한 통을 단숨에 비웠다. 물 한 모금 도 마실 수 없는 한 시간 삼십 분을 보냈다. 차를 기다리며 화장실도 갔다. 그 앞에 서 있던 부산 언니들이 수고 많았다며 등을 쓰다듬어 주었다. 순간 눈물 왈칵 쏟아졌다. 이제 갈 수 있겠다는 안도감과 동 요하지 않고 기다려 준 회원들에 대한 고마움의 눈물이었다.

정확히 30분 후 리무진 버스는 광장에 도착했다. 기사분께 90도 허 리를 숙여 인사했다. 공항까지 한 시간 정도의 여유가 있었다. 서로 가 방을 밀고 들어주며 빛의 속도로 버스에 올라탔다. 차가 덜컹할 정도 로 모두가 환호성을 지르며 손뼉을 쳤다. 앞자리에 털썩 앉았다. 깊은 숨을 내쉬었다. 이제 제시간에 공항에 도착하기만 하면 된다. 40분을 달려 독일 함부르크 공항에 도착했다. 다 같이 맛난 독일식 햄버거 먹 자고 했던 약속은 지키지 못했다. 바로 수속받고 비행기에 올랐다.

아찔한 상황이었다. 10분만 더 늦었어도 우리는 다음날 비행기를 타야 했다. 서른세 명 항공권, 숙소와 식사. 대략 계산해 보니 오천만 원 정도는 들 것 같았다. 예약했던 버스회사에서 버스 비용은 돌려받았다. 심리적 보상은 청구하지 못했다. 그냥 참기로 했다.

여행 중에 언제나 예상하지 못했던 일들이 생긴다. 현장에서 할 수 있는 최선을 다한다. 중요한 것은 같은 일들이 다시 생기지 않도록 하는 것이다. 다음부터는 공항을 바로 가야 하는 경우는 크루즈회사 서틀을 예약하자고 했다. 여행은 길 위의 학교다.

함께 여행했던 한 사람이 비행기에서 나에게 이해할 수 없는 것이 있다며 물었다. 버스가 오지 않아 기다리는 시간 동안 한 사람도 불만을 말하지 않은 것에 놀랐다고 했다. 나와 교수님에 대한 어떤 믿음이 있길래 그런 것이 가능한 것이냐며 궁금해했다. 우리는 기본적으로 태도가 훌륭한 분들하고만 여행한다고 어깨를 으쓱이며 말했다. 이 경험을 통해 같이 여행한 회원분들의 이해와 지지는 우리 두 사람에게 큰 힘이 되었다.

함께한다는 것은 서로를 믿는다는 것이다. 서로를 위해 최선을 다한다고 생각하며 기다린다. 리더십은 한 사람의 자질로 만들어지는 것이 아니라. 따르는 사람들의 태도로 만들어지는 것이라는 것을 다시 한번 배운 여행이었다. '그럴 수 있어'라며 믿어주고 기다리는 멋진 분들과 앞으로도 여행을 계속 함께하고 싶다.

아침잠이 불러온 인연

(권세라)

지수를 만난 건 정말 신기한 일이었다. 이탈리아 여행은 지금으로부터 5년 전 1월, 겨울. 외국계 회사를 다닐 때 파리로 출장을 갔었다. 회사 일정을 마무리하고 혼자 일주일 동안 이탈리아를 여행했다. 여전히 혼자 여행이 좋았다. 일주일 동안 도시를 넘나들며 꽉 채운 여행을 계획했다. 한 곳이라도 더 보고 싶었다. 밀라노, 베니스, 피렌체, 포지타노, 로마 5개 도시 여행계획을 세웠다.

피렌체에서는 3만 5천 보를 걸었다. 다음 날은 포지타노 투어를 하기로 했다. 모이는 시간은 아침 일곱 시였다. 알람을 맞춰놓았다. 그날 밤 게스트하우스 사장님은 방이 비었다며 다인실에서 1인실로 옮겨주셨다. 피렌체에서 보낸 하루로 내 몸은 지쳐 있었다. 다른 사람의 방해 없이 혼자 방을 쓸 수 있어서 좋았다. 씻고 나와 불을 끄니 불빛이 하나도 들어오지 않았다. 잠을 푹 잘 수 있을 것 같았다. 이렇게 쉬고 나면 다음 날 개운하게 일어나서 포지타노 여행을 하는 것도 하나도 힘들지 않겠다고 생각했다. 기분 좋게 잠들었다.

다음날 개운하게 일어났다. 시계를 보았다. 7시를 훌쩍 넘기고 있었다. 순간 꿈일지도 모른다고 생각했다. 꿈이라고 믿고 싶었다. 다시 시계를 보았다. 7시가 넘은 것이 분명했다. 3만 5천 보는 나를 깊은 잠에 빠트렸다. 혼자서 방을 쓰며 어떤 소음도 불빛도 없었던 나의 방은 숙면을 위한 최고의 조건이었다. 분명히 알람 울렸을 텐데. 내가 일어나지 않았다면 누군가는 일어나 알람을 듣고 나를 깨웠을 텐데, 나는 혼자서 방을 쓰고 있었다. 정신을 차리고 급하게 투어 예약 앱에 문의했다. 이미 약속된 시간이 지나고 사람들은 출발하고 없었다. 포지타노 계획이 무산되어 버렸다.

늦잠 때문에 가지 못했는데, 환불이 되냐고 물었다. 당연히 안 된다는 답변이 돌아왔다. 내가 낸 돈은 10만 원이었다. 되돌릴 수 있는 상황이 아니었다. 그냥 마음을 접었다. 갑자기 뻥 비어버린 하루를 어떻게 보낼지 생각했다. 로마 투어를 예약한 곳에 전화했다. 로마 투어는 다음 날로 예정되어 있었다. 다행히 변경이 가능하다고 했다. 준비하고 서둘러 로마 시내 투어 약속 장소로 갔다.

엄마와 딸, 친구들, 대부분 몇 명씩 함께 놀러 온 여행객들이 있었다. 나처럼 혼자 여행하는 사람들이 없는지 찾아보았다. 뒤쪽에 서 있는 여자 한 명이 보였다. 말을 걸었다. 혼자 왔냐는 내 물음에 그렇다고 간단히만 대답했다. 이름을 서로 공유했다. 나와 비슷한 나이로 보였는데 나이는 묻지 않았다. 이름이 지수라고 했다. 다시 침묵이 흘렀다. 내가 다시 말을 이어갔다. 어제 혼자 방을 쓴 이야기, 3만 5천 보를 걷고 나서 곯아떨어졌다는 이야기. 그래서 결국 오늘 포지타노 여행을 놓쳤다는 이야기까지 재잘거리며 얘기했다. 그래서 대신 로마 투어를 하게 되었다는 말을 하기 위해 장황하게 내 이야기를 늘어놓은 것이다. 내가 그렇게 이야기를 해 나가니 그 여자도 조금씩 말문을 열었다. 처음 내가 말 걸었을 때보다는 훨씬 더 부드러운 얼굴로 나를 대했다. 가이드를 따라가며 계속 이야기를 이어 나갔다. 첫인상과는 다르게 웃음이 많은 친구였다.

로마 시내 관광지를 둘러보며 우리는 서로 사진을 찍어주었다. 혼자하는 여행에서는 내 사진을 남기기 어려운데, 지수 덕분에 멋진 사진들을 많이 찍을 수 있었다. 하루 종일 함께 다니며 우리는 꽤 가까워졌다. 서로에 대한 개인적인 이야기까지 자연스럽게 하게 되었다.

지금으로부터 6년 전. 나는 30대 초반에 결혼을 생각하고 만나던 친구가 있었다. 삼십 대라는 나이가 주는 부담감 때문에 결혼을 생각했던 것 같다. 누구든 이야기하는 결혼 적령기라는 것이 나도 있다고 생각했었다. 결국 결혼까지는 이어지지 못하고 헤어지게 되었다. 유럽 출장을 핑계로 이런저런 생각 정리를 할 겸 혼자 여행을 계획하게 된 것이다.

지수 또한 나와 상황이 비슷했다. 개인적인 이야기를 주고받다 보니 우리는 잘 맞았다. 혈액형도 같았다. 그땐 MBTI가 유행하기 전이라 혈액형으로 통하는 시기였다. 가이드분께서 둘이 원래 아는 사이냐고 할 정도로 우리는 서로 끊임없이 이야기를 나누었다. 무리에서 뒤처지기까지 했다.

지금 생각해 보면 로마 시내 투어보다 지수와 대화하는 시간이 더 즐거웠던 것 같다. 포지타노 여행을 못 가서 10만 원을 날렸지만 더 소중한 인연을 만나게 된 것이 더 감사한 일이다. 포지타노는 겨울보다 여름 절경이 더 멋질 것이라고 나를 위로했다. 태양 가득한 여름에 꼭 다시 찾으면 된다고 생각했다.

로마 시내 투어가 끝나고도 지수와 나는 서로 연락하고 지냈다. 대전에 살고 있었던 지수는 나의 생일에 나를 보러 대구까지 왔다. 기차를 타고 오는 지수를 동대구역으로 마중 나갔다. 지수를 데리고 팔공산 카페로 갔다. 팔공산 풍경을 바라보며 우리는 이탈리아 이야기를 했다. 우리가 함께 걸었던 골목, 파스타, 아이스크림 등. 휴대폰 열어 사진을 하나씩 넘기며 이탈리아 여행을 다시 했다. 지수는 사랑스러운 아이였다. 신이 나서 이야기하는 지수는 어린아이 같았다. 몇 살차이 안 나는 동생이지만 많이 귀여웠다. 웃음도 많았다.

팔공산에서 폭풍 수다의 시간을 보내고 수성못으로 갔다. 이탈리아를 추억하며 파스타를 저녁 메뉴로 정했다. 나를 보러 와 준 지수가 고마워서 언니인 내가 크게 한턱 낸다고 했다. 마음껏 먹고 싶은 거다 사준다고 했는데 많이 먹지는 못했다. 로마에서의 시간이 비록 하루였지만 한국에서의 시간과는 달랐던 것 같다. 낯선 곳에서의 우연한 만남이 소중했다. 저녁을 먹으면서도 우리는 서로의 사진을 찍어주느라 바빴다. 로마에서처럼.

지금 생각해 보면 무슨 이야기를 나눴는지 기억이 나지 않는다. 우리는 그때 많이 웃었고, 기분이 좋았다는 것이다. 저녁을 먹고 다시지수를 동대구역에 바래다주었다. 다음에 내가 대전에 가겠다고 했는데, 가지 못했다. 하루의 인연으로 나를 보러 동대구까지 와 준 지수가 고마웠다.

그렇게 우리가 만나고 나서 일 년쯤 되었을 때 지수에게 결혼한다는 연락이 왔다. 지수와 연애 고민을 얘기했던 게 엊그제 같은데 금방 좋은 인연을 만나 결혼한다는 지수의 소식을 들으니 뭉클했다.

지수는 결혼해서 아들 둘을 낳고 캐나다에서 살고 있다. 인스타로 가끔 연락을 주고받는다. 내가 인스타그램에 올리는 앙금 케이크 사진을 보고는 한국이 아니어서 주문을 못 한다고 아쉬워했다.

"언니 진짜 금손이야! 한국에 있으면 주문하고 싶어"라며 나의 자존감을 올려주곤 한다.

오래된 친구라 해도 나의 자존감을 갉아먹는 사람들이 있다. 예전에는 오래된 사이어서 연을 억지로 이어가려고 했으나 요즘은 그런 인연에 애쓰지 않는다. 아침잠이 불러온 나의 소중한 인연. 위기는 가끔 큰 행운으로 맞바꿔 찾아오기도 한다. 예상치 못한 상황이 발생했을 때 낙담하지 말고 '더 좋은 기회가 오려나 보다'라고 기대해보면 어떨까?

한 통의 전화로
바다인이 되다

(김찬송)

26살 나는 특별한 인연을 만나게 되었다. 40대 후반, 대기업 다니다가 퇴직한 건물주. 집안일을 하며 수원 지역의 원룸 건물 몇 개를 관리하고 있다. 부모님의 과수원 일도 가끔 돕는다고 했다. 투자하며 수입을 만드는 일에 아주 관심이 많다고 했다. 그 언니를 통해 주식과 코인을 알게 되었다. 다른 세상을 보게 해준 감사한 인연이다. 나는 진주에서 직장생활하고 있었고, 언니는 수원에 살고 있었다. 가끔 소식을 주고받는 사이였다. 어느 날 전화 와서는 "송이야, 스쿠버 다이빙 배워 볼래?" 갑작스러운 제안이었다.

나는 학교 다닐 때 운동을 꽤 잘했고 건강했다. 지역 대표와 학교 대표로 대회에서 수상한 이력도 여러 번 있었다. 하지만 고등학교 졸업 무렵 추락사고로 운동과는 거리가 멀어진 상태가 되었다. 하반신 마비로 1년 가까이 고생했다. 다행히 수술과 재활치료를 통해 다시 일상생활로 돌아오게 되었다. 겨우 생활을 하는 정도이지, 운동을 다시

할 수 있는 몸 상태는 아니었다. 일상생활을 할 수 있는 것만으로도 감사하게 생각해야 했다. 운동은 이제 나와 거리 먼 일이라 생각했다.

갑작스러운 전화 한 통이 나를 흥분시켰다. 다시는 운동할 수 없을 거라 생각했다. '물에서 하는 것이니 가능하지 않을까?' 해보고 싶었다. 할 수 있을 것 같았다. 무거운 장비를 매고 하는 것이라고 알고 있었다. 잘할 수 있을까 걱정도 되었다. 해보지도 않고 혼자 고민하는 것은 소용없는 일이었다. 해보겠다고 했다.

매주 주말 수원으로 갔다. 언니와 함께 가평의 K26이라는 잠수 풀장에서 연습했다. 동해 바다에도 갔다. 언니의 고향 선배가 가르쳐 주셨다. 나우이(NAUI:National Association of Underwater Instructors)의 강사 라이센스를 가지고 있었다. 검증된 스쿠버 교육기관의 인증 강사에게 받는 교육이었다. 직장인이 주말마다 동해 바다에 가서 교육을 받는 것은 쉬운 일은 아니었다. 비용도 만만치 않았다. 배우면서 필요한 장비 구매, 라이센스 발급에도 많은 돈이 필요했다. 무엇보다 체력적인 부분이 가장 힘들었다.

이왕 하기로 한 것이니 돈도 시간도 아깝지 않게 해야겠다는 생각이 들었다. 귀하게 얻은 기회를 잘 이용하고 싶었다. 1박 2일 동안 8번 바다를 들어간 적도 있었다. 지금 다시 하라고 하면 그렇게까지 할 수 있을지는 의문이다. 그때는 그렇게 해야 되는 줄 알고 그냥 했었다. 수원에서 동해로 오가는 교통비와 밥값은 언니와 선생님에게 신세 졌다. 어려운 내 상황을 알고 나를 도와주고 싶다고 했다. 그 마음을 알기에 더 열심히 노력했고 라이센스를 따게 되었다.

스쿠버다이빙 강사 자격증까지 도전하고 활동을 해보면 어떻겠냐는 제안을 받았다. 바다의 매력에 흠뻑 빠져 있던 나는 강사 자격증도 욕심이 났다. 진주에서 다니던 직장을 그만두었다. 기회가 왔을 때 다른 일에 도전해 보고 싶었다. 하고 있던 일은 언제라고 다시 돌아가서 할 수 있는 일이라 생각했다. 수원에서 지내기로 했다. 원룸 건물을 여러 개 관리하고 있던 언니는 내가 지낼 방도 하나 내주었다. 자주 다이빙을 다닐 수 있는 일을 골라서 아르바이트로 일했다.

처음 시작한 일은 쿠팡 배송 일이었다. 휴일을 원하는 날로 정할 수 있었다. 수원 쿠팡 물류센터로 킥보드나 버스를 타고 출퇴근했다. 1톤 탑차 운전도 배울 수 있었다. 함께 일하는 사람들이 모두 좋아 일하러 가는 것이 재미있었다. 하지만 많이 힘들었다. 일반적인 직장보다는 일찍 마치긴 했으나 시간이 그리 자유로운 일은 아니었다. 시간을 더 자유롭게 쓰는 일을 찾아야 했다. 스시집 주방에서 일하기도 하고 식당에서 서빙도 했다. 몇 시간만 하는 아르바이트라 수입은 얼마 되지 않았다. 일주일 벌어 그 주 다이빙 교육 비용에 쓰고 나면 없었다.

일 안 할 때에는 주로 언니와 시간을 많이 보냈다. 언니 주변에는 늘 친구들과 동생들이 많았다. 나도 늘 함께했다. 언니 지인들과도 친해졌다. 과수원 일도 도왔다. 언니 가족들과도 가까워졌다. 언니를 따라 원룸 청소도 하러 다녔다. 처음 해보는 일을 많이 하던 시기였다.

어느 날 다이빙을 함께하던 강사님이 자기가 일하는 곳에서 함께 일해보자고 했다. 강사님도 스쿠버 다이빙 수업이 있는 날 이외는 다른 일을 하고 있었다. 본업은 타일 작업자였다. 이런저런 일을 가릴 형편이 아니었다. 해보겠다고 했다. 타일을 붙이면 사이에 매지를 채워 넣는 일을 하였다. 보통은 아줌마들이나 외국인들이 많이 한다고 했다.

알려주는 대로 따라 하면서 금방 배웠다. 하루에 한 건물을 함께 작업하며 보수도 꽤 받았다. 그렇게 여러 일과 다이빙 교육을 병행하며 결국 다이빙 강사 라이센스를 따게 되었다. 내가 예상했던 것보다 빨리 그날이 왔다.

강사 자격증을 따면 해외에 나가서 일해보고 싶었다. 코로나 때문에 당장은 어려웠다. 우선 다시 일을 하기로 하였다. 진주로 돌아가고 싶지는 않았다. 언니는 계속 함께 있기를 원했지만, 나는 서울로 갔다. 당장 할 수 있는 일을 찾았다. 지인분이 하는 만두가게에서 일하게 되었다. 사장님은 배워서 가게를 창업해 보라고 했다. 자세하게 알려주었다. 새로운 목표가 생기니 일이 즐거웠다. 만두가게가 지하철역 바로 앞이라서 손님도 많았다. 만두도 팔고 닭강정도 튀겨서 팔았다. 만두 먹으며 이야기를 나누고 가는 단골들도 생겼다. 사람 사는 이야기를 들었다. 재미있었다.

나에게 더 좋은 환경을 만들어 주려고 노력했다. 월급의 대부분을 저축했다. 출근 전 운동하는 거 말고는 사람도 만나지 않았기에 거의 전부를 하듯이 저축할 수 있었다. 다이빙을 잊지 않으려고 바다도 나가긴 했지만 점점 횟수는 줄어들었다. 코로나 때문에 다이빙 강사를 하겠다는 내 계획에 차질이 생겼다. 속상했다. 할 수 있는 일에만 집중해야 했다.

자격증을 위해 내가 보냈던 시간은 후회하지 않는다. 원하던 자격증을 취득했고 다이빙을 통해 몸에 근력이 생겼다. 건강한 사람이 되었다. 산을 더 잘 타게 되었다. 뛸 수는 없지만 이전보다 더 빠르게 걸을 수 있게 되었다.

언니의 전화 한 통으로 인해 나는 엄청난 모험을 경험했다. 인생 계획에 없었던 많은 일이 생기고 사람들을 만나고 친구가 되었다. 환경이 바뀌니 나도 많이 달라졌다. 나는 주변의 영향을 많이 받는 사람이었다.

이제 이십 대 후반이 되었다. 어느 정도 일정한 일과 소득 안정을 만들어야겠다고 생각했다. 한 가지 일에 집중할 필요도 있다고 생각했다. 일과 삶의 균형. 워라밸이 필요했다. 지난 2년간의 시간으로 내 인생에 큰 변화가 생겼다. 세상을 보는 눈이 달라졌고, 태도가 달라졌다. 소중한 인연 덕분이다.

모험과 도전의 시간을 통해 낙천적인 사람에서 긍정적인 사람으로 바뀌었다. 마냥 좋다고 따르는 것이 아니라 나를 위한 최선의 선택을 한다. 각자의 다름은 인정하되 남들의 생각에서 나온 말에만 움직이지 말자. 잘못된 것은 없다. 체험을 통해 알아가는 것이다.

나는 지금 지구에 처음으로 살고 있다. 지구 생활을 익히며 모험하는 중이다. 나만의 멋진 인생을 즐기며 지구를 떠나는 날까지 알찬 인생을 만들어갈 것이다. 사는 게 생각처럼 되지 않는다. 힘들기도 하고 즐겁기도 하다. 다양한 감정을 느끼며 사는 것은 살아 숨 쉬고 있다는 증거이다.

2-4
야! 당장 불러
(박미경)

"언니, 언니가 생각하는 최고의 여행지는 어디예요?"

"음. 글쎄. 아무래도 아이들하고 함께 지냈던 캐나다 토론토 시절 아닐까 싶어." 지금도 당장이라도 날아가고 싶을 만큼 그립거든. 아마 아이들이 그곳에 있어서 더 그렇게 느껴지는지도 모르지. 둘째 아이가 초등학교를 졸업하자마자 캐나다에 가서 3년 반 정도 함께 살았어. 그 시간 동안 웃고, 울고, 힘들고, 또 흐뭇하게…. 정말 별의별 일이 다 있었지. 말 그대로 지지고 볶고 살았던 나날들. 사건 사고도 많았지만, 지금 생각해보면 그때 좋은 인연들을 많이 만났어. 낯선 땅에서 함께 밥 나누고, 눈 쌓인 길을 걷고, 아이들 학교 일로 밤늦도록 웃던 사람들. 덕분에 외롭지 않았고 마음이 따뜻했지. 행복하게 더러는 신나게 지낼 수 있었어.

캐나다에 가면 내가 지낼 집 걱정은 안 해도 된다. 나를 애타게 기다리는 캐나다의 시절 인연들. 이웃사촌이었던 동생들이 기다리고 있다. 그중에 나리와 영숙. 나리는 늘 다이어트에 관심이 많았다. 지금은 너무 예쁜 딸 해나를 키운다고 다이어트에 신경 안 쓰는 아줌마가 됐다. 힘들어서 저절로 살이 빠졌단다. 영숙이는 검은 고양이 '콜라'와 대화하는 '기비'라는 멋진 딸이 있다. 37살에 캐나다 와서 SENECA COIIEGE를 다니며 영어 공부도 열심히 했다. 영주권도 따고 부동산 중개업 회사에서 일하고 있다. 지금도 만나기만 하면 그 시절 때 좋았던 우리로 돌아간다. 서로 자기 집에서 지내자고 한다. 고마운 일이다. 짧은 유학 생활이었지만 내가 헛살진 않았나 보다. 객지에서 만나는 사람들은 단순한 만남을 넘어 서로에게 의지하고 많은 것을 가르쳐주고 나누고 공유한다. 타지에서 살아가는 힘이 되었다. 함께한 시간, 나눈 이야기, 웃음과 눈물, 모든 것이 소중한 기억이다.

캐나다에서 일 년쯤 됐을 때 일이다. 동생들 만나고 첫 겨울이었다. 동생들 식구들과 토론토에서 북쪽으로 차로 1시간 반쯤의 거리에 '스노우 밸리 SNOW VAIIEY'라는 스키장에 놀러 갔다. 둘째 녀석은 어릴 때부터 아빠한테 배워서 곧잘 탔다. "엄마 저랑 같이 다니게 보드 배우세요." 스노우 보드 강사를 불렀다. 캐네디언. 키가 2미터다. 내내 매달려 다녔다. 보드 실력은 모르겠고 대신 팔은 길어졌다. 우리는 도착해서 스키 렌탈 하우스 담 옆 눈밭에 묻어 둔 연어를 꺼내서 휴게소로 갔다. 살짝 언 연어를 입에 넣자, 짠맛과 기름기가 퍼졌다. 주위 눈치를 살피며 컵라면의 뚜껑을 열었다. 뜨끈한 김이 얼굴을 감싸자 그제야 몸이 조금씩 녹는 것 같았다. 냄새 때문에 눈치가 보였지만, 이 맛이다. 사람들이 냄새나는 우리 쪽을 보며 수군거렸다. '너희들이

라면 국물 맛을 알아?'

스키장에서 나와 작은 녀석은 앞차를 타고 먼저 출발하고 우리 차
가 신호 대기 중이었다. 꽝! 꽝! 삼중추돌. 교통사고가 나 버렸다. 운
전자는 미성년자같이 보이는 소녀였다. 울면서 떨고 있었다. 반드시
경험이 풍부한 운전자가 함께 있어야 한다. 동승 없이 운전하면 면허
취소인데. 그 뒤에 차는 앞의 소녀 남자 친구였다. 브레이크를 밟았는
데 미끄러진 것 같았다. 차로 와서 우리를 살폈다. 영어 못하는 아시
안 아줌마들. 이 자식이 갑자기 우리 잘못이라고 고함 질렀다. 겁줘서
보낼 심산 같았다. 갑자기 너무 분했다. 우리를 뭘로 보고. 한국에서
하듯 우리는 경찰을 불렀다. 이상하게 오지 않았다. 너무 추워 시동
컨 채로 차 안에서 기다렸다. 차에 기름은 떨어져 가고. 바깥 기온은
점점 내려가고 있었다. 서둘러 알아보니 구급차가 출동해야 경찰차가
함께 온다고 하네? 구급차 한 대 600불. '잘못 들은 거겠지? 에라 모르
겠다.'

"야! 불러. 당장 불러."
우리는 영화 '다이 하드' 첫 장면을 찍었다. 길 위에서 들것에 실렸
다. 밴드로 온몸을 꽁꽁 묶어 구급차에 태웠다. 설상가상. 불려 온 경
찰이 하필이면 사고를 낸 소녀의 고모란다. 100킬로그램은 되어 보였
다. 구급차에 올라와서 허리에 찬 총 위에 손을 올려놓고 영어로 막
떠드는데, 한마디는 알아 들었다. '헐리웃 액션 Hollywood Action!
하지 말고 당장 웨이크 업 Wake up!' 하라고. 야! 이렇게 묶여 있는데

우찌 일어나니? 우리를 태우고 어느 병원으로 가는지도 모르는 상황. 마음은 점점 더 불안해지고 두려움이 몰려왔다. 아무것도 알 수 없는 채로 그저 시간이 흘러가는 것만 같았다. 도착해보니 밸리에 있는 대학병원이었다. 구급차는 우리를 침대에 묶인 채로 내버리고 갔다. 병원 안도 아니고 겹으로 된 유리문 사이에다. 유리문이 열릴 때마다 눈싸라기가 얼굴을 마구 때렸다. 체감온도 영하 20도. 볼이 떨어져 나가는 것 같았다. 내가 부르라고 해서 아무 말도 못 하고 있었다. 멀리서 영숙의 떨리는 작은 목소리가 들렸다.

"언니야, 나 쉬 마려운데 어떡해?" '됐다! 이거다!' "영숙아, 싸자. 누워서 싸자. 고마. 그라모 우리는 이머전시 되는기다." "안돼. 언니가 소문 낼꺼잖아!! " "아이다 이 문디 가수나야"

그때다. 어디선가 "무신 일이심미까" 정확하지 않은 발음이지만 분명 한국말이었다. 하늘에서 내려오는 음성 같았다. '흐흐흑' 우리는 다 같이 알 수 없는 말로 앞다퉈 설명해 가며 안도의 눈물을 흘렸다. 밸리에 있는 대학병원 병원장이 한국인 3세였다. 너무 자랑스러웠다. 그때부터 우리는 사람대접을 받았다. 간호사는 오렌지 주스를 갖다주며 자신이 자랑스러워하는 아기 사진까지 보여줬다. 아무런 부탁도 하지 않았는데 자꾸만 잘 보이고 싶어 하는 듯한 그 마음이 엿보였다. 브래드 피트 닮은 남자 간호사가 밀어주는 휠체어를 타고 모든 검사를 받고 12시가 넘어서야 집에 도착했다. 사고는 사고인가 보다. 다음 날 아침 우리는 침대에서 일어나지 못했다. 오후에 변호사와 집으로 군복 입은 두 사람이 우리를 관찰하러 왔다. 얼마나 아픈지. 그리고 진짜

인지. 2주 동안 집안일, 아이들 등하교까지 엄마가 해야 하는 모든 일을 대신 해주었다. 몸은 편했는데 계속 영어로 말을 걸어 자는 척하느라고 괴로웠던 기억이 난다. 우리는 사고로 인한 병원비, 재활 치료비 등을 지원받을 수 있었다. 변호사한테 연락이 왔다. 16세 소녀는 평생 운전 면허증을 딸 수 없게 되었고, 남자 친구는 벌금. 고모 경찰은 징계. 우리에게는 보험회사에서 이천 불씩 보상받게 된다는 소식이었다. 고모 경찰의 징계는 병원장이 그날 구급차에 타고 있던 간호사에게 사건과 관련된 증언을 받아내어 그에 맞는 조치를 한 것이라 했다.

대한민국 아줌마들의 승리다!

만약 기죽어서 아무 말도 아무 행동도 못 했었다면 지금껏 가슴에 돌 하나 얹고 살았을 것 같다. 그때 경험으로 지금도 영어 공부를 열심히 하고 있다. 어느 나라든 내가 살아 나가야 한다면 그 나라의 말을 못 하고 산다는 건 벙어리 세상과 같다. 캐나다의 맨땅 헤딩구! 나에게 성장의 기회가 되었다. 언어 장벽이나 문화적 차이를 극복하면서 자신감을 얻게 되었고 문제 해결 능력을 키울 수 있게 되었다. 아이들과 이웃들과 함께 극복해 나가며 나의 인생에 크게 성장할 수 있었던 곳이다. 그래서 어쩜 다른 여행지보다 나에게 최고의 여행지가 아닐까 싶다.

나의 보물들은 캐나다서 열심히 일하며 살고 있다. 집 떠나면 개고생이라지만 그 고생을 즐기는 사람들은 행복하다. 저녁을 먹으며 남편

과 잠시 와 있는 장남에게 재미있고 멋있었던 곳을 입안 밥알을 마구
마구 튀겨 가며 얘기한다. 아들이 한참 듣더니

"또 언제 가세요?" 다리 튼튼하실 때 여행 많이 다니셔요."

아~ 맞다. 밀어주니 또 가야겠지?

헬프 미 헬프 미

(복기령)

2023년 11월 3박 5일간의 푸켓 여행을 떠났다. 김해공항에서 출발해 중국 상하이 푸동 공항을 거쳐 푸켓에 도착했다. 여섯 시간 정도의 비행을 했다. 함께 떠나온 여행자들은 총 열여덟 명이었다. 우리는 두 대의 밴 차량에 나누어 탔다. 한 시간을 더 달려 카오락 메리어트 리조트에 도착했다. 방 배정을 받고 김해공항에서 처음 만난 룸메이트 언니와 방에 들어갔다. 깔끔하게 정리되어 있는 두 개의 더블 침대가 한눈에 들어왔다. 베란다 문을 열어 보았다. 테라스에서부터 수영장이 넓게 이어져 있었다. 언제든 물속으로 뛰어들어 수영하다 시원한 방에 들어와 쉬면 천국이 따로 없을 것 같았다. 수영장이 딸린 리조트라니 '야호, 멋지다'라는 생각이 들었다. 이곳에서 펼쳐질 날들이 기대되고 설레었다. 설레는 마음을 안고 깨끗이 정돈된 침대에 누웠다. 푹신했다. 고단한 하루에 스르르 잠이 들었다.

다음날 우리는 리조트 주위를 둘러보았다. 넓은 바다와 이어져 있는 리조트였다. 해변에 하얀 파라솔과 커다란 야자수 풍경이 아름다웠다. 언니와 나는 이곳저곳을 둘러보다 탁구 치는 곳이 있어 채를 빌려 놓았다. 30여 분이 지난 뒤 이번에는 자전거를 빌려 3㎞ 정도 떨어진 태국 사원을 둘러보기로 했다. 남아 있는 자전거가 두 대 있었다. 우리는 그것을 빌려 사원에 갔다. 가는 도중 언니의 자전거가 자꾸 오른쪽으로 기울었다. 몇 번이고 가다 서기를 반복했다. 힘들게 사원에 도착했다. 자전거로 한 바퀴 돌아볼 만한 작은 사원이었다. 자전거를 세워 놓고 사원 앞에서 사진을 찍었다. 우리는 30분 정도 머물다 리조트로 돌아가기로 하고 자전거에 올라탔다. 돌아오는 길은 내리막길이라 훨씬 수월했다. 앞에 가고 있던 언니가 어느새 보이지 않았다. '자전거 참 잘 타네.' 혼자 말을 하며 나도 힘차게 페달을 밟았다. 조금 달리다 보니 저 앞에 자전거와 함께 갓길에 넘어져 있는 언니가 보였다. 지나가던 자동차 두 대가 멈추어 섰다. 문을 열고 달려와 언니를 일으켜 주었다. 나는 다가가 다치지 않았는지 여기저기 살펴봤다. 언니는 흙 묻은 옷을 털며 괜찮다고 했다. 자전거를 일으켜 세우고 주위를 보니 바로 옆이 낭떠러지였다. 순간 아찔했다. 크게 다치지 않아서 다행이었다. 우리는 가던 길을 멈추고 달려와 도와준 차주들에게 고맙다는 인사를 했다. 그 사람들이 돌아가고 우리는 자전거를 끌며 걸어서 왔다.

빌린 자전거를 반납하고 우리는 해변 모래사장 위를 걸었다. 해변에 전신 마사지와 발 마사지를 하는 곳이 많았다. 발 마사지를 받아보기로 했다. 한 시간 정도 마사지를 받고 나니 발걸음이 가벼워졌다. 룸메이트 언니와 나는 탁구, 자전거, 카약 등을 타면서 더욱 가까워졌다. 다음 날, 방과 연결된 수영장이 아닌 다른 수영장에 가보았다. 수영장 수면 깊이가 2m라고 쓰여 있었다. 칵테일 바가 있는 수영장이다. 어느새 동료 여러 명이 이 수영장에 모였다. 동료들과 칵테일을 주문해 마시고 있을 때였다. 같이 온 일행 동생이 발을 헛디뎌 수영장에 빠지고 말았다. 허우적거리는 모습을 발견하고 나는 발 빠르게 손을 내밀었다. 동생은 나의 손을 겨우 잡고 물속에서 나오게 되었다. 동생은 놀라 잠시 말을 잇지 못했다. 함께 있던 동료들은 물에 빠진 상황을 전혀 알아차리지 못했다. 물속에서 나와 가슴을 쓸어내리는 동생을 보고 어리둥절한 표정만 지을 뿐이었다. 수영할 줄 모르는 룸메이트 언니와 나는 동생을 보면서 우리도 조심하자고 말했다. 잠시 후 우리는 튜브를 빌리기로 했다. 대여해 주는 곳으로 가 마지막 남은 튜브 하나를 빌렸다. 가게에 들러 하나 더 샀다. 수영장에 돌아와 튜브 위에 앉아 신나게 놀았다. 아기와 함께 온 부부도 있었다. 우리는 아기한테도 물장구를 치며 놀아 주었다. 아기는 30분 정도 놀다가 엄마 아빠와 함께 수영장을 떠났다. 잠시 후 언니가 말했다.

"우리 바다에 가서 놀자."

튜브가 있으니 튜브 위에 앉아서 놀면 되겠다 싶어 그러자고 했다. 대답이 끝나자마자 언니는 수영장 바로 옆에 있는 바다로 갔다. 나도 뒤를 따랐다. 언니는 튜브 위에 앉아 손을 저으며 앞으로 나아갔다. 휴대전화에 바다로 가는 언니 뒷모습을 찍었다. 그리고 파라솔 위에 휴대전화를 내려놓고 언니가 있는 곳으로 향했다. 언니는 벌써 저만치 바다 한가운데를 향해 가고 있었다. 튜브 위에 앉아 파도를 타며 점점 멀어져 갔다. 나는 살짝 걱정되었다. 튜브 위에 앉아 언니를 향해 가면서 소리쳤다.

"언니, 너무 멀리 간 거 아녜요?" 언니가 괜찮다고 대답했다.

잠시 후 언니가 고개를 숙이더니 바다에 빠지는 모습이 보였다. 튜브는 멀리 튕겨 날아갔다. 갑자기 허우적거리는 모습이 보였다. 언니 얼굴이 물속에 들어갔다 나오기를 반복하고 있었다. 순간 직감했다. 큰일 났구나! 양손을 젓기 시작했다. 언니가 있는 곳으로, 앞만 보고 갔다. 튜브는 좀처럼 빠르게 나아가지 않았다. "언니, 언니!" "어떡해!" "도와주세요!"

소리를 지르며, 있는 힘을 다해 손을 저었다. 가까이 있는 사람들이 아무도 없었다. 점점 앞이 캄캄해졌다. 언니와의 거리가 50m 정도는 돼 보였다. 언니한테 가는 시간이 무척 길게 느껴졌다. 점점 가까워질수록 헉헉거리는 숨소리가 크게 들렸다. 점점 힘이 빠져가는 모습도 보였다 '조금만 더 버텨 줘' 마음속으로 외치며 끝까지 힘을 냈다. 드디어 가까이 다다랐다. 언니를 향해 손을 쭉 내밀었다. 언니는 나의 손을 잡았다. 순간 살았다는 생각을 미처 하기도 전에 갑자기 내 몸에 마비가 왔다. 혈압이 발끝에서 머리끝까지 차오르는 게 느껴졌다. 순식간에 온몸이 굳어졌다. 입만 겨우 움직일 수 있었다.

"언니, 내 몸이 마비됐어." 간신히 말했다. 언니는 내 튜브에 몸을 의지한 채 "헬프 미! 헬프 미!"를 외쳤다. 저 멀리 사람들이 소리를 듣고 우리를 쳐다봤다. 사람들은 100~200m 정도 떨어져 있었다. 오른쪽에서 물놀이를 즐기던 여자가 헤엄쳐 오기 시작했다. 왼쪽에서는 남자 한 명이 헤엄쳐 왔다. 눈만 깜빡거리며 기다리는 동안 초조하고 멀게만 느껴졌다. 드디어 두 사람 모두 우리가 있는 곳에 도착했다. 모두 외국인이었다. 두 사람은 우리를 이끌고 해변 모래사장까지 데려다주었다. 마비되었던 내 몸도 서서히 풀리기 시작했다. '살았구나! 그제야 눈물이 났다. 두 외국인은 우리를 모래사장에 앉혔다. 괜찮은지를 물었다. 우리는 울먹이며 괜찮다고 했다. 구해줘서 고맙다는 인사를 몇 번이고 했다. 잠시 후 두 사람은 그 자리를 떠났다. 언니와 나는 그곳에 남아 한참 동안 멍하니 앉아 있었다. 뺨을 한 대 때려 보았다. 진정 살아 있었다. 정신을 차리고 보니 우리를 구해준 남자가 바다를 향해 헤엄쳐 가고 있었다. 저 멀리 튜브가 있는 곳으로 가는 모양이었다. 언니를 떨어트린 튜브는 점점 더 멀리 파도를 타며 도망가고 있었다. 그 사람은 포기하지 않고 계속 헤엄쳐 갔다. 우리는 걱정되었다. 그냥 되돌아오길 바랐다. 잠시 후 점점 멀어져가는 튜브를 보며, 안 되겠다 싶었는지 되돌아오는 모습이 보였다. 안심되었다. 튜브까지 건져주려 하다니 참 고마운 사람이라는 생각이 들었다. 해변에 도착할 때까지 바라보며 그곳에 앉아 있다가 방으로 돌아왔다. 침대에 몸을 던졌다. 푹신한 침대에 누울 수 있게 되어 한없이 감사한 마음이 들었다.

언니는 선글라스가 바다에 빠져 내려서 주울 수 있겠지 싶었다 한다. 카약을 타고 놀 때 깊지 않았기 때문에, 그곳도 깊지 않을 거라고, 생각했다 한다. 고개를 숙이는 순간 바다에 빠졌고 발이 바닥에 닿지 않아 아찔했다 한다. 내가 조금만 늦게 도착했더라면 큰일이 났을 것이다. 언니를 보고 있지 않았더라면 어쩔 뻔했을까? 생각만 해도 온몸에 소름이 돋는다. 언니는 생명의 은인이라며 고맙다고 했다. 나도 모든 신께 감사했다. 며칠 동안 눈만 감으면 그날 바다에 빠진 모습이 떠올랐다. 심장이 툭 하니 내려가고 두근거렸다. 맥박이 빨라지고 숨을 제대로 쉬기가 어려웠다. 다행히 시간이 지나면서 점점 좋아졌다. 정신을 차리고 생각해 보니 튜브만 믿고 바다로 간 것은 큰 잘못이었다. 구명조끼를 입어야 했다. 사람이 가까이 있는 곳에서 놀아야 했다. 바다 멀리 가는 건 더더욱 안 되는 일이었다.

처음 이곳에 와 바다와 이어진 리조트에 반해 마음이 들떠있었다. 풍경 좋은 바다만 보고 안전을 생각하지 않았던 것 같다. 쉬지 않고 헤엄쳐 와 우리를 구해준 외국인 두 분에게 부끄럽고 미안한 마음이 든다. 어딜 가든 안전을 최우선으로 하자고 다짐했다. 수영을 배워 보려 한다. 바다에서 자유롭게 수영할 수 있는 그날까지 실력을 길러야겠다. 나는 지금, 이 순간 살아있음에 감사하다. 푸켓 여행지에서 있었던 일은 영원히 잊지 못할 아찔한 추억으로 남아 있다. 그때 제대로 인사를 하지 못한 외국인 여자와 친절하게 우리를 걱정해 주었던 그 남자에게 다시 한번 감사 인사를 드린다.

2-6

별거 아니야

(신혜숙)

가슴이 답답하고 숨쉬기 어려웠던 순간들, 그리고 이유 없이 찾아오는 불안감 속에서 나는 많은 걸 극복했다. 2019년 친구와 제주도 여행 떠나는 날. 화창한 날씨도 기분을 행복하게 했다. 캐리어를 끌고 가는 내 발걸음도 경쾌한 리듬을 타듯 가볍다. 걷기를 좋아하는 우리는 한라산 등반이 이번 여행의 목표였다. 완주하기 위해 한 달 전부터 집 근처 금정산에 올랐다. 숨이 턱턱 막히는 순간 잠시 쉬었다 오르기를 반복했다. 정상 바위에 앉아 시원한 바람을 즐겼다. 내려다보이는 산 아래는 아파트 숲이었다. 우리 집도 보였다. 다리 근력을 키우기 위해 둘레길도 걸었다. 해운대 문텐 로드에서 송정 바닷길까지 바닷바람을 맞으며 오르내렸다. 걷다 보면 군데군데 주민들이 심어놓은 텃밭도 있다. 울창한 나무들이 많아 숲 냄새를 깊게 마셨다. 가볍고 편한 등산화도 준비하고 신축성 좋은 옷도 샀다. 한라산 완주를 위한 준비를 마쳤다.

공항에 도착한 후 비행기는 계속 연착됐다. 처음 20분 연착한다는 방송이 나왔다, 다시 30분 연착이라 했다. 승객들이 웅성거리기 시작했다. 몇몇 사람은 환불해 달라고 소리쳤다. 주변이 소란스러웠다.

갑자기 나는 식은땀이 나고 속도 메슥거렸다. 화장실에 가서도 어지러워서 30분 넘게 앉아 있었다. 내가 걱정된 친구는 공항 관리원에게 연락했다. 하얀 가운을 입은 의무원 둘이 여자 화장실까지 찾아왔다. 그들이 부축해서 나는 의자에 앉았다. 사람들이 내 주변에 모여 있었다. 의무원들은 나의 증세를 물어보고 구급차를 준비했다. "이젠 괜찮아요. 조금 나아졌어요." 나의 말에 그들은 이미 신고가 접수되었기 때문에 병원까지 가야 한다고 말했다. 구급차를 탔다. 이 와중에 나는 "병원 말고 집으로 가면 안 되나요?" 그러나 정해진 구역까지만 간다고 한다. 공항과 연계 되어 있는 병원까지 구급차로 이송되어 간단한 진찰을 받고 집으로 돌아왔다. 집 앞 병원에 가서 링거를 맞았다. 같이 여행 가기로 한 친구는 놀라서 어쩔 줄 몰라 했다.

"미안해, 내가 여행 망쳤네! 한라산 완주는 다음에 하자." 친구와 한 약속은 아직도 지키지 못하고 있다. 다시 체력을 키워 도전할 것이다.

주말 오전 8시 서울행 KTX 타기 위해 역으로 갔다. 아버지가 좋아하는 팥빵도 한 상자 샀다. 부산에서 유명한 어묵 세트도 샀다. 양손 가득 쇼핑백을 들고 기차에 탔다. 자리에 앉아 잠시 숨을 고른다. 갑자기 멀미하듯이 속이 좋지 않다. '왜 이러지?' 생수를 마셔보지만 진정되지 않았다. 울산역에 도착 직전, 식은땀이 나기 시작했다. 뭔지 모를 불안감이 스멀스멀 올라왔다. 공항에서 일들이 다시 생각났다. 가슴도 답답하고 숨쉬기가 힘들었다. 어떻게 할지 망설이다가 울산역에 내렸다. 벤치에 기대어 한참 앉아 있었다. 지나가는 사람들이 걱정 어린 눈빛으로 쳐다보았다. 괜찮냐고 물어보고 갔다. 정신을 차린 후 울산역 근처에서 지내고 있는 아들에게 전화했다.

"아들아! 엄마 울산역에 내렸는데 데리러 와라." 나의 말에 서울 가는 길 아니었냐고 놀란다. 주말이라 빨래하던 아들은 내 전화에 남방 하나 걸치고 나타났다. 허겁지겁 나온 모양새다. 조금만 쉬었다 다시 집으로 출발하자는 말에 아들은 불안한 얼굴로 내 손을 잡는다. 계속 속이 울렁거렸다. 차 창문을 열고 비스듬히 누웠다. 아들은 천천히 가겠다고 백미러로 쳐다보며 흔들리지 않게 운전했다. 무사히 집으로 다시 돌아왔다. 가방을 아무 데나 던져놓고 침대에 누웠다. "엄마! 아프지 마!" 다 큰 아들은 어린아이 같은 표정으로 말했다. 이날은 언니들과 엄마 보러 분당 추모 공원에 가기로 한 날이었다. 서울에서 기다리고 있을 언니들한테 전화했다. 가는 도중 몸이 좋지 않아서 다시 집으로 왔다고 말했다. 남편이 떠난 후 혼자 지내는 나를 보며 언니들은 걱정을 많이 했다.

몸은 피곤한데 잠을 자지 못했다. 불면증으로 얼굴이 핼쑥해졌다. 생활이 엉망이었다. 하루를 지내는 것이 아니라 버티고 있었다. 끝이 보이지 않는 긴 터널 속에서 헤매고 있는 두려움을 느꼈다. 망가진 용수철처럼 누를수록 튀어 오르지 않고 걷잡을 수 없이 무너졌다. 친구는 수면에 도움 된다는 아로마 오일을 사 왔다. 아무 효과도 없었다. 수면제를 복용해도 전혀 효과가 없었다. 결국 동생의 권유로 정신 의학과에서 상담을 받았다. 검사 결과 공황장애와 우울증이라는 진단을 받았다.

　그저 컨디션이 좋지 않다고만 생각했다. 혹시 공황장애가 아닐까, 생각도 했지만 애써 외면하고 싶었다. 몸에 병이 나는 것처럼 마음에도 병이 났다. 뇌에서 의지를 담당하는 전두엽이 고장 났다고 했다. 정신과 상담과 약물치료가 필요했다. 표현하지 않고 오래 참는 나의 성격도 문제였다. 쓸데없는 걱정에 파묻혀 많은 시간을 허비했다. 현실에서 일어나지 않는 일도 걱정하며 지내왔다. 마음을 돌보지 못한 나에게 몸이 보내는 경고 신호였는지도 모른다.

　그 이후로 몇 년간 아무 데도 가지 않았다. 그때의 악몽이 떠올라 여행은 엄두도 못 냈다. 회복하려면 긴 시간이 필요했다. 언제까지 이런 고통을 안고 살아야 할까, 나 자신을 돌보지 않은 벌인가, 다시 일어서고 싶었다.

　다음 여행을 꿈꾸며, 일상생활 속에서 공황장애를 극복하려고 부단히 노력했다.

　아파트 안에 테니스장이 있다. 매일 아침 레슨을 받고 회원들과 경기한다. 쉬는 시간에는 햇살 좋은 벤치에 앉아 쉰다. 얼굴이 까무잡잡하게 타서 건강해 보인다. 운동만이 살길이었다.

　집 근처 금강 공원 둘레길을 다섯 바퀴 걷는다. 이어폰으로 음악도 듣고 노래도 흥얼거리며 걷는다. 둘레길을 돌아 작은 카페에 들른다. 차 한잔과 좋아하는 올리브 빵 하나를 주문한다. 잠시 아무 생각 없이 앉아 있는 편안한 시간이다.

　내 마음을 들여다보며 솔직하게 대화하는 글쓰기 시간도 갖는다.

나를 찾는 여행으로 생각하고 메모장을 펼쳐서 끄적끄적 글을 쓴다.

일상생활에서 규칙적인 생활 습관을 유지하고 치료받으며 약을 먹으니 예민한 정도가 점점 줄어들었다. 의사 선생님은 의식하지 말고 여행을 가보라고 권하며 비상시 먹는 약도 처방해 주었다. 다시 한번 용기를 냈다. 가까운 도쿄 여행부터 시작해 보기로 했다. 비행기 타기 한 시간 전 안정제를 먹고 잠자는 약도 먹었다. 비행하는 동안 편안하고 여유 있는 마음을 가지려고 눈을 감았다. 옆자리 앉은 친구는 내 손을 꼭 잡아주었다. 짧은 호흡부터 천천히 복식호흡을 하며 "별거 아니야, 그냥 지나가는 감기야!" 스스로 주문을 걸었다.

공황장애 판정을 받은 지 벌써 6년이 되었다. 어려움은 누구에게나 닥친다. 그러나 시련과 어려움은 우리를 더욱 단단하게 만든다. 힘든 과정을 이겨내는 데는 시간이 더 필요할 뿐이다. 극복할 수 없는 문제는 없다. 중요한 것은 이쯤이야 이겨낼 수 있다는 나의 의지다. 나에게 필요한 것은 나를 향한 믿음과 사랑이다. 마음의 병은 나 스스로가 만드는 일이다. 행복도 즐거움도 나 스스로 만들어야 한다. 공황과 비행 공포를 이겨내고 나의 공황을 하늘에 날려버리고 싶다. 어떠한 두려움도 나의 여행을 멈추게 할 수 없다. 나는 오늘도 다음 여행을 꿈꾼다.

제비뽑기

(양정회)

2019년 7월 한 달간의 아프리카 여행 21일째. 짐바브웨, 잠비아, 보츠와나 여행을 마치고 나미비아 빈트후크로 떠나는 날이다. 짐바브웨 빅토리아 폴스 공항에 도착했다. 크지 않은 공항 대합실이 한눈에 들어왔다. 와이파이가 신호는 잡히는데 인터넷이 잘 안된다. 공항 한쪽에 작은 기념품 가게가 있다. 문 앞에는 'Welcome to Victoria Falls'라는 작은 간판이 걸려 있다. 안으로 들어서면 아프리카의 느낌을 잘 담아낸 강렬한 색감의 그림이 한쪽 벽면에 자리하고 있다. 그 아래 선반에는 짙은 색의 나무로 깎아 만든 코끼리와 기린 모양의 목각 인형들이 놓여 있다. 가운데 진열대에는 빅토리아 폭포의 모습을 담은 엽서, 구슬로 만든 목걸이와 팔찌도 있다. 작은 공간이지만 아프리카의 문화를 직접 느낄 수 있는 작은 갤러리 같았다.

그사이 체크인하러 갔다 온 인솔자가 우리를 불러 모았다. 그녀의 얼굴색이 어두웠다. 우리는 무슨 일이 있냐고 물었다. 문제가 생겼다고 했다.

"우리 팀 중에서 한 사람은 남아서 내일 비행기를 타야 합니다."

그 말을 듣는 순간, 우리는 어리둥절하여 서로 얼굴만 쳐다봤다. 마치 시간이 멈춘 듯 공항 안의 모든 소음이 가라앉았다. 누구도 나서지 않았고, 모두 말이 없었다. 그렇다고 인솔자가 남을 수도 없는 노릇이다.

비수기에는 하루에 한 번 비행 노선이 있는데, 하루 전날 이 노선이 빠졌다고 했다. 우리가 타고 갈 비행기는 35인석이다. 전날 못 간 손님 21명을 태우고, 그다음 우리 팀 15명(인솔자 포함)이 타야 하니까 좌석 하나가 모자란다고 했다. 인솔자의 말을 듣고 여기저기서 웅성거렸다. 인솔자도 어쩔 줄을 몰라 했다. 어떻게 하면 좋을지 모두가 걱정했다.

잠시 후 제비뽑기와 가위바위보를 하자는 의견이 나왔다. 두 가지 의견 중, 손을 들어 다수결로 정하기로 했다. 제비뽑기를 하자는 의견이 더 많았다.

"다른 지역에서는 상상도 할 수 없는 일이, 여기가 아프리카이기 때문에 감수할 수밖에 없다."라고 하며 인솔자는 우리를 다독이며 말했다. 여기는 '아프리카'니까요. 실제로 이런 일들이 가끔 있다고 했다. 여기 직원들은 아무렇지도 않은 듯 안내방송도 하지 않았다. 그저 우리도 받아들일 수밖에 없었다.

제비뽑기가 시작되었다. 인솔자가 모자를 뒤집어서 열네 개의 쪽지를 그 속에 넣었다. 자기가 뽑은 쪽지에 ○가 표시되어 있으면 당첨이다. 뽑힌 사람은 하루 더 이곳에 남아야 한다는 생각이 머리를 짓누르기 시작했다. 나의 룸메이트한테 작은 소리로 물었다.

"만일 우리 둘 중 한 명이 걸리면 어떡하지?"

그녀가 말했다.

"누가 걸리든 같이 남아야지."

"그래, 맞다. 두말하면 잔소리지." 손바닥에 식은땀이 배어 나왔다. 심장이 쿵쿵 뛰는 소리가 머릿속을 울렸다. 숨소리마저 조심스러웠다. 인솔자가 한 사람, 한 사람, 스쳐 지나갔다. 어떤 쪽지를 주울지 망설이고 있는 동료들의 모습이 나를 더 긴장하게 했다. 이번에 내 차례다. 어느 쪽지를 주워야 할지 고민했다. 에라 모르겠다. 손에 닿는 대로 한 장을 집었다. 가슴이 두근거렸다. 혹시 내가 걸렸을까 봐 쪽지를 펴 볼 수가 없었다. 눈을 질끈 감았다.

순간 뒤쪽에서 "당첨이요." 외치는 소리가 들렸다. 나는 속으로 말했다. '휴, 살았다.' 다행이다. 남자분이 걸렸다. 그는 싱긋 멋쩍게 웃었다. 혼자 두고 갈 수가 없다고 하며, 맘씨 좋은 그의 룸메이트가 자원했다. 결국 그 두 사람이 남게 되었다. 의리의 사나이들이다. 그 두 사람은 97일간의 남미 여행도 같이했다고 한다.

우리는 비행기를 타러 갔다. 저 멀리 운동장같이 넓은 곳에 비행기 한 대가 덩그러니 있었다. 마치 카누처럼 생겼다. 바로 우리가 탈 비행기이다. 비행기가 너무 작아서 약간 걱정스럽기도 했다.

빈트후크 공항에 도착했다. 우리는 짐 찾는 곳으로 갔다. 좀 피곤했지만, 도착했다는 안도감에 모두 얼굴이 밝았다. 그런데 생각도 못 한 일이 우리를 기다리고 있었다. 우리 팀의 짐이 일부만 온 것이다. 캐리어가 모두 열세 개인데 네 개만 왔다. 우리는 하도 기가 차서 할 말을 잊어버렸다. 공항 안엔 침묵이 흘렀다. 모두가 어리둥절한 얼굴로 서로를 쳐다보았다.

'뭐지? 나머지 짐은 어디로 갔지?'

당황스러웠다. 우리는 공항 측에 거센 항의를 했다. 다음 날 짐이 도착할 거라는 답변만 들을 수 있었다. 이곳 아프리카는 갈수록 태산이다. 이해하기가 힘든 일이 자꾸 생겼다. 비행기가 작아서 짐을 다 싣지 못한 것이다. 그러면 사전에 얘기를 해줘야 하는데, 아무런 안내도 없었다. 공항 측에서는 기본적인 세면도구만 지원해 주었다.

갈아입을 옷도 없고, 화장품도 없다. 모두 행색이 말이 아니었다. 우리는 급한 대로 짐이 온 사람들의 것을 서로 조금씩 나누어 쓰기로 했다. 나와 룸메이트의 짐은 와서 다행이었다. 하지만 짐이 안 온 분들은 많이 불편해했다. 이 기막힌 일들도 여행의 한 부분이다.

우리가 숙소에 도착했을 때 빅토리아 폴스에 남아있는 두 사람한테서 연락이 왔다. 공항 측에서 마련해 준 숙소에서 잘 쉬고 있다며 걱정하지 말라고 했다. 숙소 사진도 보내왔다. 감사한 일이다.

여행은 새로운 곳을 탐험하는 것뿐만 아니라, 함께하는 동료들과 서로 도우며 배려하는 자세가 중요하다는 것을 새삼 깨닫는 계기가 되었다. 여행을 다니다 보면 생각하지도 못한 일이 종종 일어나기도 한다. 중요한 것은, 그 상황을 어떻게 대처하느냐에 달렸다. 우리는 아주 단순한 방법인 제비뽑기로 문제를 해결했다. 제비뽑기에 당첨된 사람과 자원해 준 룸메이트의 배려 덕분에, 모두가 조금 더 편안한 마음으로 여행을 이어나갈 수 있었다. 앞으로 여행하면서 예상치 못한 문제가 생겼을 때, 나도 그 문제 해결을 위해 적극적인 자세로 임해야겠다고 생각했다. 다음 날 우리는 나미브 사막 투어를 위해 출발했다. 그 두 사람은 다음 장소에서 만나기로 했다.

예상치 못한 기회

(유향은)

"우리 크루즈 여행 갈래?"

2023년 11월 오랜만에 만난 송이와 맥주를 마시다 나온 말이다. 혼자서 하던 여행이 전부였던 나에게 이런 제안은 반가운 소식이었다. 송이는 세 번의 크루즈 여행 경험이 있다. 그래서 그 말이 빈말이 아님을 느꼈다. 같이 여행 준비를 한다면 많은 도움이 될 것 같았다. 지중해를 항해하는 크루즈 여행을 계획했다. 친구와 함께하는 크루즈 여행을 생각하니 가슴이 두근거렸다. 설레는 마음으로 다음 해 4월에 떠나는 13일의 여행 계획을 세웠다.

예상치 못한 제안이었지만 예정된 일처럼 모든 준비가 자연스럽게 진행되었다. 함께하는 여행 준비라서 의견 다툼으로 싸우게 될까 걱정했었다. 하지만 송이의 여행 인솔자 시절 인맥과 '인크루즈'라는 사이트 덕에 준비는 수월했다. 서로 역할을 나눠 계획을 세웠다. 송이는 항공편과 크루즈 예약을 책임졌다. 나는 기항지 도시들의 관광지와 교통편을 조사했다. 걱정과 달리 모든 것이 순조로웠다. 여행은 준비 과정부터 시작되는 것 같다. 그곳에 있을 내 모습을 상상하니 벌써부터 가슴이 두근거리고 즐거웠다. 혼자가 아닌 친구와 함께하는 여행이라 더 기대가 컸다.

2024년 4월 중순에 여행을 시작했다. 크루즈를 타기 위해 도착한 곳은 스페인의 바로셀로나였다. 날씨는 약간 쌀쌀했지만 그리 춥지 않았다. 카페에서 에스프레소 한 잔을 마시며 유럽에 와 있음을 느꼈다. 파란 하늘과 따뜻한 햇살 속에서 잠깐의 여유를 즐겼다. 설레는 마음을 진정시키고 항구로 향했다. 드디어 내 인생 첫 크루즈가 눈앞에 펼쳐졌다. 가까이에서 보니 지금까지 본 어떤 배들보다도 거대했다. 20층 높이의 아파트를 바다에 띄워 놓은 것만 같았다. 끝없이 보이는 창들과 고개를 한껏 뒤로 젖혀야만 그 높이를 온전히 볼 수 있을 만큼 웅장한 배였다. 5천 명 이상의 승객을 태울 수 있다는 있는 MSC에 승선했다. 약간의 두려움도 있었지만 예상과 달리 배는 아주 안정적이었다. 바다는 잔잔했고 배는 흔들림 없이 평온했다. 처음 타본 크루즈는 그 존재만으로도 나를 미소 짓게 만들었다. 기대와 설렘이 가득한 새로운 여행이 시작되었다.

이번 여행은 육로로 이동하는 여행에 익숙했던 나에게 편안한 여행이 어떤 것인지 알게 해주었다. 보통 유럽여행을 하면서 하루에 한 번은 짐을 싸거나 풀었다. 그리고 이동 수단인 기차나 버스의 예약 시간에 늦지 않기 위해 일찍 움직여야 했다. 예약한 시간보다 미리 도착하지만 기차가 연착되는 경우가 종종 있었다. 이동 시간에 많은 시간과 에너지를 사용했다. 이동 중에도 소매치기가 많아 편하게 쉴 수 없었다. 그래서 피곤해도 잠을 자지 않으려고 노력할 정도였다.

크루즈에서는 여행하는 동안 방에 짐을 풀어두고 하선하는 날까지 다시 챙길 필요가 없었다. 잠을 자는 동안 다른 도시로 이동까지 해주니 몸과 마음이 편했다. 배 안에는 하루 종일 다양한 음식이 넘쳐났다. 무엇을 먹을지 고민하지 않아도 돼서 좋았다. 그 덕에 배고플 틈이 없었다. 놀 거리도 많았다. 공연장에는 매일 새로운 공연이 열렸다. 몸의 긴장을 풀어주는 자쿠지와 워터슬라이드도 갖추고 있는 수영장도 있었다. 헬스장에는 바다가 보이는 큰 창문이 있다. 너울거리는 파도를 부숴가며 운항하는 크루즈 안에서 러닝머신 위를 달렸다. 그 순간은 마치 바다 위를 달리는 듯한 기분이었다. 하루가 짧을 정도로 즐길 거리가 많았다. 다양한 술과 커피를 즐길 수 있는 카페도 있었다. 아침식사를 할 때는 책 한 권을 들고 레스토랑에 갔다. 커피 한 모금에 책을 한번 그리고 창문을 한번 번갈아 보았다. 창밖을 보아야 바다 위에 있음을 실감할 수 있었다. 편안함에 취해 기항지에 방문해도 잠깐 둘러보고 크루즈에서 휴식을 즐기는 날들도 있었다. 지금까지 열여덟 개의 국가를 여행했지만 이것이 휴양이고 휴식이 아닌가 하는 순간들이었다.

지중해를 여행하며 다섯 기항지에 방문했다.

첫 기항지는 남프랑스에 위치한 칸이었다. 사람들이 알고 있는 칸영화제가 진행되는 도시다. 자연보호를 위해 크루즈는 항구에 정박할 수 없었다. 근처 바다 위에서 작은 배로 갈아타야 방문할 수 있었다. 도시에 들어가 유명인들이 걸었던 길을 걸었다. 그들처럼 포즈도 취해보며 사진을 찍었다. 두 번째 기항지는 제노바였다. 콜럼버스의 생가가 제노바에 있다는 사실을 이때 알았다. 생가 근처를 돌아보며 의미 있는 시간을 보냈다. 세 번째 기항지는 라스페치아라는 항구였다. 기차를 타고 친퀘테레에 방문했다. 유럽을 여행하는 청년들 사이에서 유명한 해안가 마을이다. 절벽에 펼쳐진 알록달록한 건물들과 바다가 어우러져 이국적인 향기를 풍기는 곳이었다. 네 번째 기항지는 로마였다. 이미 와봤던 곳이지만 친숙하면서도 새로운 기분이었다. 지난번 여행 때에는 짐이 많아 편안한 복장으로만 다녔었다. 이번에는 옷을 신경 써서 입을 수 있었다. 붉은색의 개량한복을 입고 투어를 다니며 한국의 미를 조금 알려줬다. 로마와 가까이 있지만 다른 나라로 구분되어 있는 바티칸도 다녀왔다. 허투루 쓰는 시간 없이 다니며 많은 걸 눈에 담고 돌아왔다. 다섯 번째 기항지는 마요르카란 섬에 방문했다. 이비자섬과 가까이 있는 섬이었다. 현지 가이드가 말하길 유럽인들이 꿈꾸는 휴양지라 했다. 보고 있으니 왜 그런 말은 하는지 이해할 수 있었다. 섬에는 자연보호구역이 있어 건물이 거의 없고 나무들이 푸른 풍경을 즐길 수 있었다. 마지막 하선이다. 승선했던 바르셀로나에 다시 돌아왔다. 예약해둔 에어비앤비 숙소에 찾아가 짐을 풀고 사그라다 파밀리아 성당과 유명한 관광지를 둘러봤다. 바르셀로나 대성당이 보이는 호텔 라운지 바에서 칵테일을 마셨다. 다음날에는 가우디의 유명한 작품인 구엘공원도 방문했다. 저녁에는 한식도 만들어 먹었다. 송이와 여행 이야기를 하며 편안했던 크루즈 여행을 바르셀로나에서 마무리했다.

이런 순간들을 즐기다 문득 깨달았다. 계획대로 흘러가지 않는 삶 속에서 우연히 찾아오는 기회를 기꺼이 맞이하고 싶다는 생각이 들었다. 어떤 일이든 희망하고 간절히 바란다면 기회는 찾아온다. 그것을 '한다', '안 한다'의 갈림길만 있을 뿐이다. 바쁜 일상생활에도 불구하고 내가 좋아하는 일만큼은 어떻게든 시간과 돈을 마련해 실천한다. 그것은 바로 여행이다. 여행을 좋아해 여러 곳을 다녔다. 그 과정에서 자연스럽게 내 주변에 여행을 좋아하는 사람들로 채워갔다. 그래서일까 꿈꾸었던 크루즈 여행이 생각보다 빠르게 찾아왔다. 이처럼 여행이 아니더라도 각자 좋아하는 것을 찾아가며 살았으면 좋겠다. 그러다 보면 그 길에 혼자가 아닌 같은 꿈을 가진 누군가와 함께하는 자신을 발견할 수 있다. 지금도 친구들에게 말한다. 너는 어디든 갈 수 있고 무엇이든 될 수 있으며 뭐든 할 수 있다고 응원한다. 시도도 안 해보고 후회한다면 정말 후회만 남으니까 말이다.

기회를 우연이라 생각하는 경우도 있다. 그러나 우연은 그냥 찾아오지 않는다. 눈앞의 기회가 그냥 찾아왔을 리 없다. 우리의 하루는 끊임없는 선택의 연속이다. 지금 찾아온 기회는 과거 어느 선택의 결과물이라 생각한다. 그러니 내가 원하는 일을 계속 찾아가다 보면 내가 원하는 일과 나를 원하는 일들이 일치하는 그날이 오지 않을까?

2-9
촉박하지 않게 흐르는 대로

(이지은)

매일 밤 하루를 돌아보면 전날 밤 계획했던 것과 달리 흘러갔던 날들이 많다. 플래너에 몇 시에 무엇을 할지 고민해서 써봐도 변수가 생겨 지키지 못한 경우가 생기기 마련이다. 비슷한 패턴으로 반복되는 일상도 생각대로 보내기 쉽지 않은데 여행할 때는 오죽할까. 여행 경험이 많이 없던 20대 초반엔 여행할 때 빡빡하게 계획하는 편이었다. 시험 준비하는 학생처럼. 쉴 시간 없이 모든 곳을 다 볼 거란 의지를 불태웠다. 게임 미션 완수하듯 다녀온 여행은 만족감보다는 아쉬움이 컸다. 짧은 시간에 많은 곳을 둘러보려 욕심내니 어느 하나 온전히 느껴보지 못했다. 시간을 들여 찾아본 여행지보다 숨겨진 보석 같은 곳을 발견했을 때 기쁨이 컸다. 한국인들이 많이 가는 맛집보다는 감을 믿고 들어갔던 현지인 식당에서 만족했다. 아쉬움 가득한 여행을 두세 번 반복하고 나니 무계획에 가까운 느슨한 계획만 가진 여행을 시작했다.

대학교 1학년 겨울방학이었다. 고등학교 친구 현진이와 내일로 기차 여행을 했다. 기차표를 사면 일주일 동안 마음껏 기차를 타고 여행할 수 있다. 기말고사 치고 나서 바로 일정을 짜기 시작했다. 마산에서 위로 갈까 아래로 갈까 고민하다 전라도로 정했다. 전라도에 가면 맛있는 것을 먹을 수 있을 거 같았다. 친구와 마산역에서 만나 순천행 기차를 탔다. 일주일 동안 순천-벌교-보성-담양-전주-목포에 들르는 일정이었다. 한정된 시간에 여러 곳을 돌아보고 싶은 마음에 빈틈없이 계획했다. 순천에서 낙안읍성 보성 녹차밭 벌교에서 꼬막 정식 먹고 담양에선 죽녹원 전주 한옥마을. 아침에 일어나 다음 목적지로 이동해 유명 관광지를 둘러보고 맛집에서 밥을 먹고 숙소에서 짐을 풀고 잤다. 지역만 바뀌었지 매일 같은 것을 반복했다. 매일 이동해야 했기 때문에 한 지역을 온전히 느끼지 못했다. 걷다 보면 시간을 길게 보내고 싶은 장소를 발견하기도 하고 하룻밤을 더 보내고 싶은 숙소를 만나기도 했다. 전주 여행을 하는 날 밤 막걸리 골목을 가기로 했다. 알아보니 여러 명이 가야 안주도 다양하게 먹을 수 있다고 해서 내일로 카페에서 사람을 모았다. 친구 포함 8명과 함께 막걸리를 마시러 갔다. 모든 게 정해져 있던 우리는 전주에서 처음 일탈을 했다. 여행지에서 만난 사람들과 저녁도 같이 먹고 다음 날 아침에 만나 콩나물국밥으로 해장도 같이했다. 원래 다음 날 아침 목포로 일찍 넘어가는 일정이 있었다. 계획한 대로 지키지 않았지만 오히려 즐거웠다. 그리고 더 중요한 것은 같이 시간을 보낸 6명 중 1명이 현진이의 남편이 되었다. 친구와 나 단둘이 계획에 갇혀 이리저리 다녔으면 여느 때와 같은 여행을 하지 않았을까.

2학년 개강 전 겨울 방학이었다. 학교 앞 자취하는 친구 둘과 여행을 갔다. 학교 근처 지역으로 당일 여행으로 다녀오자 했다. 대학교 정문에 작은 버스터미널에서 갔다 올 수 있는 곳이 최고의 선택지였다. 여러 선택지 중 포항으로 정했다. 아침 7시쯤 버스 정류장에서 만났다. 포항행 표를 사고 배가 고파 주먹밥 하나씩 사서 먹었다. 버스를 타고 눈을 감았다 뜨니 포항에 도착했다. 점심을 간단히 먹고 일본가옥 거리에 갔다. 가옥 안에서 여러 포즈로 사진도 찍었다. 구경하고 나와 길거리에 과메기 말리는 모습을 보니 포항에 온 걸 실감했다. 포항에 간다면 호미곶의 손바닥. 얼른 보고 싶어서 친구들에게 재촉했다. 우리 빨리 넘어가자! 구룡포에서 호미곶까지 가는 길을 찾아봤다. 구글맵 상으로 걸어서 한 시간이었다. 겨울치곤 춥지 않고 맑은 날이었다. 걸어가 보기로 했다. 수다 떨면서 걸으면 1시간은 금방일 거 같았다. 우리는 빵빵한 패딩을 입고 가방을 메고 걷기 시작했다. 초입부에는 바닷가를 바라보며 걸었다. 겨울이었지만 낮엔 그리 춥지 않아 걷기 적당했다. 셋이 나란히 걸으며 아침에 일어나서 버스 정류장까지 걸어 나온 이야기, 같이 있지 않은 며칠간의 이야기, 학기 중의 이야기 등 여러 이야기를 하며 걸으니 빨리 호미곶에 도착할 것만 같았다. 걷다 보니 인도는 끝나고 찻길이 나왔다. 우리가 걸을 수 있는 길인가? 생각했지만 일단 걸어가 보기로 했다. 지도에는 지금 가는 길로 가라고 했으니 말이다. 다행히도 도로에는 차가 많이 지나다니지 않아 무섭진 않았다. 점점 더워져 패딩을 벗었다. 니트를 벗어 허리춤에 묶었다. 한겨울에 셔츠 한 장 입고 걸었다. 꽤 더웠다. 호미곶을 향해 걷기 시작한 지 1시간 반쯤 지났다. 걸어가기로 한 우리의 계획이 잘못

된 걸 깨닫기 시작했다. 계속된 찻길과 버스 정류장도 없는 도로 위 우리는 불안해지기 시작했다. 다시 돌아가기엔 너무 멀리 왔고 계속 가자니 얼마나 남은지도 알 수 없었다. 주변에 건물이 없으니 택시 잡 기도 어중간했다. 다리도 아프기 시작했지만 어쩔 수 없어 계속 걷기 로 했다. 분명히 구글맵이 1시간이라고 했는데 1시간 넘게 걸어도 바 다가 보일 생각을 하지 않았다. 힘든 와중에 이 상황이 너무 어이없고 웃겨 깔깔거리기도 했다. 젊어서 다리가 아프고 가방이 무거워도 크게 힘들게 느끼지 않은 것 같다. 걸은 지 약 2시간쯤 되었을 때, 레이 한 대가 우리 앞에 섰다. 창문을 열고 젊은 남성의 차주분이 어디까지 가 냐고 물었다. 우리는 그 사람을 약간 경계하며, 호미곶 간다고 답했다. 구글 지도만 믿고 걸어가자고 했던 호미곶까지의 무모한 여정. 버스나 택시를 타고 갔다면 만나지 못했을 착한 차주분. 걸었던 곳이 차도의 옆길 삭막한 길이었지만 기억도 나지 않는 이야기를 재잘거리며 즐거 워했던 우리. 아무 고비 없이 다녀왔다면 호미곶만 기억에 남았을 것 이다. 좌충우돌한 여행이었기에 모든 순간이 눈앞에 선하다.

빡빡한 여행을 하다 느슨한 여행으로 바꾼 뒤 하나 아쉬운 것이 있 다. 계획하고 찾아보고 간 여행지에서는 랜드마크는 빠짐없이 보고 온 다. 그리고 그 지역에서 유명한 특산물은 꼭 먹어 볼 수 있다. 스페인 에서 플라멩코 공연을 본다던가 마산에서 아구찜을 먹고 온다던가. 찾지 않고 마음이 이끌리는 대로 다니면 모두가 들리는 필수 코스를 놓치고 오는 경우가 있다. 같은 곳을 여행했던 사람들과 이야기할 때 면 '아, 그곳을 가봤어야 하나, 어떤 음식을 먹어 봤어야 했나' 하는 생각이 들곤 했다.

아쉬움 속에서도 마음이 가는 대로 여행하는 것을 선택했다. 가고 싶었던 식당에 갔다가 사람이 많아 못 들어가 실망하다가 진짜 현지인 맛집을 찾기도 한다. 다른 나라로 비행기 타고 넘어가야 하는데 기상악화로 하루 더 머물러야 하는데 항공사에서 멋진 숙소를 제공해 주기도 한다. 걷다가 이쁜 카페를 발견해 커피를 마시다 미술관을 가지 못하기도 한다. 완벽하게 짠 시나리오보다 여행도 인생도 배우의 에드리브처럼 예상치 못한 것이 인상 깊다. 어느 순간 예기치 못한 것을 맞닥뜨릴 때 서프라이즈 선물을 받은 듯한 기분을 느낄 수 있다.

2-10
페리를 타세요

(홍순옥)

몇 개월 만에 타지에서 만나는 남편은 매일 보는 다른 부부들과는 다른 설렘이 있었다. 보자마자 내 입가에 번지는 미소와 활짝 웃는 남편의 얼굴이 인사를 대신했다.

헝가리 주재원으로 일하는 남편이 출국 전 유럽 여행을 하자 했었다, 얘기한 지 8년 만에 드디어 떠나게 된 여행이었다. 약간의 두려움과 설렘을 안고 공항에 도착했다. 2023년 3월 남편이 기다리고 있는 헝가리행 비행기표를 예매했다. '혼자 갈 수 있겠지!' 가이드를 따라 다니던 여행과는 차원이 달랐다. 표는 어디에서 받는지 게이트는 몇 번인지 짐은 어디에서 부치는지 두리번거렸다. 항공권과 여권을 잊지 않으려 꼭 부여잡고 드디어 탑승했다. 긴장과 떨림의 여정이 나름 좋았다.

남편이 일하는 헝가리에서 자동차를 렌트해 슬로베니아를 거쳐 베네치아까지 구글 앱의 안내를 따라 이동했다. 헝가리에서 출발한 첫날 베네치아 숙소로 가는 길은 마냥 즐거웠다.

이국적인 유럽의 푸른 초원과 울긋불긋한 파스텔 색조 지붕의 목조 주택들이 환상적으로 펼쳐져 있었다. 마치 동화 속에 들어온 듯 탄성을 질렀다. 헝가리를 가로지르는 호수가 나타났다. 따뜻한 온천을 품고 있는 멋진 헝가리의 발라톤 호수는 유럽에서 가장 큰 호수라며 남편이 신이나 설명했다. 바다가 없는 헝가리에서는 이곳을 '헝가리 바다'라고 부른다고 했다.

어느새 좀 전에 보던 지붕들과 조금은 다른 목조건물이 보이더니 슬로베니아로 넘어와 있었다. 알프스의 만년설이 녹아 만들어졌다는 블레드 호수를 마주했다. 예전에도 한 번 온 적이 있는 이곳은 블레드성을 품고 있어 더욱 신비로운 듯했다. 영화 속에나 보던 오래된 중세 시대 건물들이 보이기 시작하며 우리는 베네치아에 가까이 다가가고 있었다. 내가 생각하는 유럽의 아름다움은 오렌지색 지붕들이지 싶다. 창밖으로 스쳐 가는 그 모습들은 지구 반대편에서 온 여행객의 가슴을 심하게 뛰게 했다.

이탈리아에 들어섰다. 신나게 첫 숙소를 찾아가다 보니 이미 해가 저물어 창밖은 캄캄했다. 유럽은 밤이 빨리 찾아온다. 종일 운전한 남편도 피곤해 보였고, 우리는 편안한 숙소에서 얼른 쉬고 싶었다. 그렇게 기대하며 도착한 그곳에서 구글 앱의 안내는 우리를 소스라치게 했다.

'페리를 타세요.'

'페리? 페리라니? 여기가 호텔이 아니었어? 이게 뭐지?' 호텔을 예약한 남편에게 물었다. "도대체 어떻게 된 거야? 호텔 주소는 제대로 입

력한 거 맞아? 여기가 맞는 거야?" 걱정과 두려움이 뒤섞인 내 말투는 다정하지 않았다. 주위를 둘러보니 건물도 사람도 거의 없었다. 마치 국제 고아가 된 듯한 느낌이 들었다. '큰일 났다. 어떡하지!' 당황스러웠다.

차에서 내려 주변을 살펴보니 멀리 불빛이 보였다. 가까이 가보니 안내소 같은 작은 건물이 있었다. 이탈리아 노부부가 앉아 있었다. 하지만 그들은 낯선 외국인에게 별 관심이 없어 보였다. 차를 싣는 배는 이미 운행이 끝났고 사람이 타는 배는 있다고 했다. 그제야 알았다. 우리가 예약한 숙소는 본섬이 아닌 '리도'라는 작은 섬에 있는 호텔이라고 했다. 그곳으로 가려면 배를 타야만 했다. 우리가 도착한 곳은 대륙과 연결된 '푼 타 사비 오니'라는 작은 선착장이었다.

'아! 리도가 섬이었구나!' 남편은 무료 주차가 가능한 호텔을 예약했다고 의기양양하게 말했었다. 유럽에서 몇 년 동안 일한 사람이라 이런 기본적인 정보를 알고 있었을 거로 생각했었다. 그래도 출발 전 호텔 주소를 미리 확인해야 했다. 그걸 놓친 나 자신이 한심했다. 우왕좌왕하는 사이 노부부는 안내소의 불을 끄고 사라졌다.

'아이고! 어떡하지?' 차를 세워둔 곳으로 와 주변을 살펴보니 음식점 주차장이었다. 음식점 불이 꺼지기 전에 뭔가 시도해 봐야 했다. 마침, 얼굴에 주름이 가득한 마른 체격의 이탈리아 할아버지가 식당에서 나왔다. "헬로~ 익스큐즈미…." 짧은 영어로 말을 걸었다. 대화가 전혀 통하지 않았다. 할아버지는 빨리 차를 빼라는 손짓만 할 뿐이었다.

그때 떠오른 것이 있었다. 국경을 넘을 때마다 핸드폰에 울리던 한국대사관의 안내 문자! 핸드폰을 보여주며 잠시 기다려 달라는 몸짓을 했다. 한국 외교부에 전화를 걸었다. 다행히 늦은 시간에도 전화를 받는 직원이 있었다. 직원은 이탈리아 한국대사관에 연락해 보라고 했다. 대사관 직원과 통화가 됐다. 이탈리아 할아버지를 바꿔 달라고 했다. 한참을 대화한 할아버지는 '리도'로 가는 배가 아직 남아 있다고 했다. 이곳에 차를 주차하고 다녀와도 된다고 전해줬다. 대사관 직원은 호텔에도 연락해 우리가 늦게 도착할 테니 기다려 달라고 통역해 주었다. 남의 나라에 와서 한국대사관의 도움을 이렇게 받는구나! 고마웠다.

우리가 도착한 그 선착장은 일반 관광객들이 거의 방문하지 않는 곳이라고 대사관 직원은 말했다. 일반적으로 베네치아 관광객들은 'Venezia Tronchetto Parking'에 주차한다고 했다. 그곳에서 배를 타려던 우리는 대사관 직원이 알려준 그곳으로 이동하기로 했다. 도착해 보니 규모가 엄청난 주차장이 있었다. 다행히 배도 운행 중이었다. 주차료와 자동차 선착료가 비슷해 차를 싣고 들어갔다.

배에 타고 나니 그제야 가슴을 쓸어내리며 안도의 한숨이 나왔다. 우여곡절 끝에 자정이 다 되어 호텔에 도착할 수 있었다.

문제가 생겼을 때 어떻게 할지 고민을 안 할 수 없다. 선택지가 없을 때가 문제지 선택지가 있다는 건 해결 가능성이 높은 상황이다. 대부분은 피하기보다 정면으로 맞서거나 주변의 도움을 받아 해결하는 것을 나는 선택한다. 누구에게나 예상치 못한 상황이 발생할 수 있다. 중요한 것은 그것을 어떻게 해결하느냐다. 문제를 해결하기 위한 가장 큰 자산은 평소에 쌓아온 지식과 정보일 것이다. 그 순간 빠르게 '한국 영사관'을 떠올린 나 자신이 정말 대견했다. 일상에서 끊임없이 깨어 있고 준비하는 것이 얼마나 중요한지 다시금 깨달았다.

지금은 그 아찔했던 경험이 소중한 추억으로 남아 있다. 여행이 주는 행복한 즐거움이 있다. 하지만 여행에서 생기는 크고 작은 문제를 해결하며 가는 과정이 여행의 즐거움일 것이다. 여행에서 우리가 얻고자 하는 진정한 의미일 수도 있다. 제과점에서 크루아상을 볼 때마다 리도섬에서의 맛있는 아침이 떠오른다. 호텔에서 아침마다 직접 만들어 준 따뜻하고 부드러운 크루아상이 좋은 기억으로 떠오른다. 그 여행을 통해 여행지에 대한 철저한 사전 조사가 얼마나 중요한지 절실히 깨달았다. 여행을 떠날 때는 충분한 준비와 이해가 있어야 더 깊고 의미 있는 경험을 할 수 있다는 것을 배운 소중한 여행이었다.

3장
. . . .

여행의
물건

꼬마 우체부가 배달하는 여행 엽서

(권경희)

　어떤 여행이든 마지막을 감동으로 만드는 비장의 카드가 있다. 여행을 함께한 '여행하는 술샘'에게 마지막 날 여덟 살 꼬마 우체부의 배달로 엽서를 받았다. 처음 받아 보는 엽서였다. "이거 뭐야?" "엄마가 가져다주래요." 며칠 전 다녀왔던 피사의 탑이 그려진 엽서다. 뒤쪽을 보니 손 편지였다. 파란색 볼펜으로 꼭꼭 눌러쓴 글은 내 두 눈을 크고 동그랗게 만들었다. '두 분이 함께 오신 분들을 세심하게 챙기시는 모습을 보고 많이 배웠습니다. 앞으로 더 많은 여행 함께하기를 기도합니다.' 네 줄의 글은 가슴 뭉클하게 했다. 서른 명 회원과의 여정의 고단함과 서운함을 잊게 했다. 마법 같았다. 그 기도 덕에 10년째 그녀와 40번의 여행을 같이 하고 있다.

　내 손에 들려 있는 엽서는 여고 시절 연애편지를 친구에게 전해 받는 듯한 수줍음과 설렘이었다. 함께 여행하는 이들도 모두 한 줄의 메시지가 있는 엽서를 받았다. 나와 같은 느낌과 감동으로 마무리되었으면 하는 마음이다.

그다음부터 여행지마다 엽서를 사는 루틴이 생겼다. 산토리니 골목들은 두 사람이 나란히 지나가기에도 어깨가 부딪친다. 빠른 걸음으로 조그마한 가게와 매대 위에 진열해 놓은 엽서와 소품들을 보면서 전해줄 사람을 생각하며 가장 잘 맞는 그림엽서를 산다. 다음 장소로 이동한다.

만화에 나오는 스머프 마을이다. '알베로벨로 트룰리' 집들이 동화 속 그림 같았다. 가게마다 엽서를 곶감처럼 주렁주렁 현관문 입구에 달아 놓았다. 바람에 흔들거리는 종이 그네 같았다. 엄마랑 함께 온 초등학생들에게 줘야겠다. 팔을 뻗어 꾸러미를 잡아 열 장을 골랐다.

알래스카 빙하 속 노란 경비행기는 프로펠러를 돌리고 있다. 선물가게나 길거리 수레에서 엽서 진열장을 회전목마처럼 오른쪽 왼쪽으로 돌리면서 쪼그리고 앉아서 본다. 까치발을 하고 머리 위 것을 보면서 이 그림은 아들과 함께 온 아버지. 이것은 회사 직원들과 온 대표에게 주면 되겠다. 그들의 특성을 생각한다. 금방 본 여행지들이 그려져 있는 엽서들을 고르는 일은 여행하는 동안 가장 큰 즐거움이다.

실패한 여행은 없다. 다른 경험을 했을 뿐이다. 2016년 6월이었다. '여행의 힘' 회원들 45명과 알래스카 크루즈 7박 8일 동안 함께했다. 하루 이틀 여행을 하면서 같이 온 친구, 자매, 선후배. 절친 동생, 생활이 다른 그들이다. 24시간을 자고 먹고 이동한다. 서로의 다른 모습과 습관을 배우기도 한다. 이해하며 양보하고 배려한다. 모두가 그렇지 않다. 언제나 일들이 생긴다. 크루즈의 룸은 호텔의 1/3 정도다. 룸 예약 전 친구 셋이 절친이라며 함께 지내겠다고 했다. 불편하니 안 된다고 이유를 말했다. 하지만 굳이 괜찮다고 해서 그들의 말대로 했다. 크루즈에서 하룻밤을 보내고 한 사람이 우리를 찾아 왔다. 들어보니 누구는 9시면 자야 하는데 난 12시에 잠을 잔다고 한다. 한 친구는 코를 크게 골아 깊은 잠을 잘 수가 없었다고 불편하다며 혼자 룸을 쓸 수 있게 데스크에 물어봐 달라고 한다. 문의했다. 풀 북이라고 한다. 방법이 없다. 어쩔 수 없이 남은 6일을 견뎌내야 한다. 어떻게든 잘 달래서 룸으로 돌려보내고 우리는 어떻게든 신경을 써야 했다. 친한 친구들이랑 하는 여행이라 환상적일 거야 생각하면서 떠나왔을 것이다. 그들도 세 명이 같은 방에서 지내는 것이 처음이었을 것이다. 그래서 몰랐을 것이다. 여행이 끝나는 날이 가까워진다. 하루 일정을 마치고 늦은 밤 방에서 우리는 비장의 카드를 쓴다. 그들에게 화해의 도구가 된다. 엽서에 각자에게 일어났던 상황에 맞는 글들을 메시지로 쓴다. 공항에서 여덟 살 꼬마 우체부에게 부탁한다. 엽서 한 장 들고 이거는 누구에게 가져다줄까? 배달한다. 비행기 탑승을 기다리는 동안 의자에 앉아 고개 숙이고 엽서를 읽는다. 내게로 와서 두 손 꼭 잡으며 환하게 웃는다. 여행하는 동안 우리 세 명 때문에 애 많이 썼다며 덕분에 즐거웠다고 한다. 그들은 엽서가 없으니 답장은 카톡으로 고마움을 전했다. 친구 셋은 비행기에 나란히 앉아 잠시도 쉬지 않고 얘기가 끝나지 않았다. 옆자리에 있던 난 한숨도 못 자고 인천공항에 도착했다. 나도 몇 번의 여행을 하면서 알게 되었다. 여행은 누군가와 함께 하지만 어쩌면 자신을 찾는 여정이며. 함께 여행 온 사람들과 관계를 형성하는 과정이라는걸. 서로 생활 습관이나 생각도 다름을 인정하며 서로 배려하고 이해하면서 관계를 더 깊게 만들어간다는 걸. 여행지에서 해결사는 그림엽서에 쓴 손 편지다.

"이거 뭐야 정말 감동이야." 꼬마 우체부는 "피오나 이모는 방 몇 호야?" 주소가 없으니 이름이나 방 번호를 물어본다. 철커덕 문을 열고 나간다. 직접 배달한다. 이거 이모가 전해 드리래요. 부끄러운 듯 얼른 드리고 달려온다. 이렇게 모두에게 전한다. 나는 그들의 표정을 보았다. 생각하지 못했던 손 편지. 짧은 메시지를 읽으며 깜짝 놀란다. 어제 여행한 곳 그대로 옮겨 놓은 수채화 그림 뒷면을 본다. 일정을 함께하며 느낀 마음이 메시지에 적혀있다. 받는 순간 그들의 표정이다. 소리 없이 눈동자는 튀어나올 듯 커졌다.

나도 매번 여행에서 엽서를 받는다. 꼬마 우체부는 열일곱 살이 되었다. 함께하지 않은 여행에서는 내가 우체부다. 이 사람 저 사람 찾아다닌다. 연애편지 받아봤어요? 물어보고는 배달입니다, 말하고는 두 손 꼭 잡으며 여기요 하고 전해준다.

내 여행의 의식 같은 엽서를 사기 위해 거리를 두리번거린다. 25년 1월, 몰타와 이스탄불을 다녀왔다. 가게 문을 열고 들어간다. 먼지가 뽀얗게 묻은 엽서를 손으로 닦는다. 어반 스케치를 한 듯한 거친 도화지 느낌의 엽서가 마음에 들었다. 매번 사다 보니 고르는 실력이 늘었다. 연필로 써야 어울릴 거 같았다. 사각사각 소리를 들으며 썼다. 미끄러지듯 쓰던 볼펜 느낌과는 다른 느낌이었다. 초등학교 다닐 때 연필로 도화지에 그림 그리고 글 쓰고 했던 기억이 났다. 그때부터 연필 사랑이다. 요즘 메모는 연필로 하고 있다. 심이 종이에 닿으며 내는 소리는 여행지에서 엽서를 쓰고 있는 듯 착각에 빠지게 한다.

서랍을 열었다. 여행지에서 받은 엽서를 보는 순간. 크로아티아에 두보르보니크의 성벽이 잠시 눈동자를 멈추게 했다. 그리고 엽서를 한 장씩 읽어본다. 여행의 순간들이 엽서에 적혀있다. 세 번을 넘게 읽어 본다. 한참을 그리고 의자에 기대어 있었다. 엽서를 받던 그날의 감정이 또 한 번 울컥하게 했다.

그중에서 한 장 옮겨 본다. '나의 멋진 친구 비비, 어쩌면 다시 함께 여행할 수 없다는 생각에 걱정이 되었어요. 다시 건강하게 함께할 수 있음에 진심으로 감사해요. 여행이 만들어 준 우리의 인연. 앞으로 더 멋지게 만들어 나가요. 늘 부족한 저를 채워 주고 지혜를 주셔서 감사해요. 2023.4.29. 여행하는 술샘 정원희.'

여행은 어떻게 살면 행복한지 알게 해 준다. 가게를 운영하며 바쁜 일상을 보내고 있는 50살에 나를 매장 밖으로 나올 수 있게 해 주었다. 여행하면서 혹부리 영감처럼 있던 욕심이 적어졌다. 그러면서 두 아이 의견을 존중하게 되었다. 그들의 배우자 선택에도 그들을 믿었다. 욕심이 생기거나 생각이 많아지면 내 처방전은 내가 알고 있다. 여행을 떠날 때가 되었다는 걸.

오늘도 여행지 엽서를 보며 그곳을 떠올려 본다. 또 다음 여행을 계획하며 떠날 준비를 하게 하는 마력이 있다.

엽서의 마지막 메시지로 우리의 여행은 마무리되지만, 마음을 전한 시간들로 인해 여전히 따뜻할 것이다. 가끔 열어보는 서랍 속 엽서는 함께한 여행지의 아름다움과 소중했던 시간 들을 떠오르게 할 것이다.

맥시멈 라이프의 삶

(권세라)

국내 여행이든 해외여행이든 여행을 가면 꼭 그곳의 기념품을 사 오곤 한다. 해외여행을 갔을 때는 주로 그 여행지를 나타내는 엽서나 자석을 사 오곤 했었다. 기억을 담아두고 싶은 순간들을 담아놓은 엽서를 보면 그곳에서의 풍경과 공기가 떠오른다. 내가 아껴뒀던 엽서를 한 번씩 꺼내어 볼 때는 내가 사랑하는 사람이 생겼을 때다. 꾹꾹 눌러 담은 마음을 내가 아끼는 엽서에 써내려 선물과 함께 줄 때 행복한 미소를 보며 나도 덩달아 행복해지곤 한다.

자석은 엄마에게 선물로 주고 냉장고에 붙여놓곤 했다. 볼 때마다 그곳의 추억이 떠올라 미소짓곤 했었다. 하나둘 붙이기 시작한 자석들은 어느새 작은 세계지도를 그려내 모으는 재미가 쏠쏠하다.

주로 귀엽고 깜찍한 물건을 좋아하는데 국내 여행지에서는 주로 내 마음에 쏙 드는 물건이면 꼭 사 오곤 한다.

얼마 전 경주 여행을 다녀왔을 때도 소품 가게에서 시간을 제일 오래 보낸 듯하다. 컵, 포스터, 도자기, 고무장갑… 귀엽고 깜찍한 물건이 나를 사로잡았다. 나중에 떡케이크 장사를 하다가 손목을 더는 사용하지 못하게 된다면 언젠가는 소품 가게를 열고 싶을 정도로 소품을 사랑한다. 경주 여행은 요즘 부쩍 친하게 지내는 앙금 플라워 협회 소속 선생님과 다녀 왔다. 마음에 드는 물건을 볼 때마다

"선생님 이것 너무 이쁘죠~?", "선생님 이것도 너무 이쁘지 않아요~?" 하며 장바구니에 마구 담기 바빴는데 선생님은 웬만해서는 장바구니에 물건을 담지 않으셨다. 선생님의 절제력을 정말 닮고 싶었지만 내가 데리고 온 아이(소품)들을 데리고 온걸 절대로 후회하진 않는다.

며칠 전 고민 끝에 데리고 온 컵을 집에서 사용하다가 와장창 깨트리고 말았다. 순간 내 심장도 깨진 듯 아팠지만, 이 기회에 또 경주에 놀러 가서 또 다른 아이들을 데리고 올 생각에 기뻐졌다.

이탈리아 여행을 갔을 때 피렌체에서 가죽 시장을 구경했다. 색이 다양한 지갑과 가방이 너무 예뻐서 이것저것 구매를 해오기도 했다. 해외 여행지에서 꼭 빠트리지 않고 사 오는 것 중의 하나가 그 나라의 먹거리다. 우리나라에서는 비싸거나 쉽게 구할 수 없는 물건들로만 말이다.

대만에서 유명한 파인애플 과자, 누가 크래커는 그 당시 정말 나에게 신세계였다. 두 손 가득 사 와서 지인과 가족들에게 나눠주곤 했다. 조금씩 먹어 보라며 이것저것 담아 봉투에 담아주는 순간 행복한 미소가 나를 또 행복하게 만든다.

일본 여행에서는 꼭 사 오는 동전 파스, 맛있는 디저트들, 립밤을 사온 기억이 난다. 동전 파스는 아직도 부모님과 잘 쓰고 있다. 여러 디

저트를 판매하고 있는 나로서 일본의 귀엽고 아기자기한 디저트들을 먹어보러 또 떠나고 싶지만, 시간이 나질 않는다. 여유가 좀 생긴다면 일본 디저트 매장을 탐방할 생각이다.

하와이에 갔을 때는 첫 보너스를 받은 기념으로 내 인생의 첫 명품 가방을 나에게 선물했다. 한국으로 돌아가는 길에 샤를 드 골 공항에서 시간이 남아서 구경하다가 꽂혀서 프라다 가방을 구매했다. 짐이 많으니 공항 탑승구에서 바로 픽업할 수 있게 도와주겠다는 직원 말을 듣고는 알겠다고 했더니 회사 사람들이 다 보는 곳에 내 이름 석 자가 떡하니 적혀서 진열되어 있어서 무안했던 기억도 난다. 아직도 특별한 날에 잘 메고 다닌다.

그렇다. 나는 미니멀 라이프와는 거리가 먼 맥시멈 라이프이다. 버리는 것을 잘하지 못하고 사 모으는 것을 좋아한다. 우리가 무언가 사올 때 집에 가지고 있던 물건 두 개는 버려야 한다고 한다. 하지만 버리는 것도 잘하지 못한다. 물건을 많이 사는 것뿐만 아니라 맥시멈 라이프는 한계를 두지 않고 가능한 한 모든 경험을 최대한 즐기며 살아가는 삶의 방식을 뜻하기도 한다. 이 방식의 큰 장점은 삶을 보다 역동적이고 풍부하게 만들어 준다는 것이다. 도전적인 삶의 태도는 새로운 기회를 발견하게 해주고 다양한 경험을 제공한다. 여행, 새로운 인간관계는 물론이고 꾸준히 자신을 성장시키고 자기 한계를 넓혀나간다. 맥시멈 라이프는 순간을 소중히 여기고 매일매일 하루를 특별해지도록 만든다. 지금 현재를 가장 가치 있게 보내는 방식이기도 하다.

하지만, 이 삶의 방식은 몇 가지 단점이 있다. 가장 큰 문제는 끊임

없는 자극과 성장을 추구하는 과정에서 피로와 번 아웃을 경험할 수 있다. 모든 순간을 충만하게 살아가려는 욕심이 때로는 자신을 과도하게 몰아붙이는 결과로 이어지기도 한다.

나는 배우는 것을 좋아해서 지금도 끊임없이 배우러 다니는 중이다. 케이크를 팔아서 돈을 벌면 또 새로운 것을 배우러 다닌다. 기존에 배웠던 케이크에서 최근에는 책 케이크부터 빈티지 케이크, 자수 케이크 등등 실력을 업그레이드시키는 중이다. 개업한 지 고작 1년이 조금 넘은 지금 배우는 것이 아직 너무 재밌고 즐겁다. 쉽게 지겨워하는 나에게는 이 직업이 너무 잘 맞다.

끊임없는 자극과 성장. 딱 나에게 하는 말이다.

다만 너무 열정을 쏟다 보면 쉽사리 지치기도 하고 종일 잠만 잘 때도 있다. 순간의 즐거움과 자극에 집중한 나머지 깊이 있는 관계나 장기적인 목표를 놓치기 쉽다. 종종 '지금'에만 집중하기 때문에 미래를 준비하거나 안정된 생활을 유지하는 것에 소홀해질 수 있다. 결국, 맥시멈 라이프는 자유롭고 흥미로운 삶을 제공하지만, 그 이면에는 자신의 속도와 균형을 찾는 것이 중요하다고 생각한다. 삶의 즐거움을 극대화하면서 정신적, 신체적 건강을 유지하고 중요한 것들을 잃지 않는 것이야말로 진정한 맥시멈 라이프가 될 것이다.

나도 진정한 맥시멈 라이프를 즐기려면 비워내는 연습과 체력 관리를 꾸준히 해야 할 것 같다.

얼마 전 서울 가는 기차에서 우연히 본 뉴스에서 쿠팡 일용직 직원이 갑자기 심정지로 죽었다는 기사를 보았다. 너무 충격적이고 안타까운 뉴스였다. 내 목숨이 어떻게 될지도 모르는 지금 돈도 중요하지만, 건강을 지키는 것도 중요하다고 생각한다. 돈을 좇다가 건강을 잃으면 무엇이 다 소용 있겠는가.

그러고 보니 여행을 그렇게 좋아하던 내가 여행을 못 간지 거의 2년이 다 되어 가는 것 같다.

내년에는 꼭 시간을 비워서 가고 싶었던 곳에 가서 맛있는 것도 먹고 예쁜 풍경도 보고 내가 좋아하는 엽서와 자석도 사 와야지. 그리고 꼭 사랑하는 사람에게 편지를 써줘야지.

여행지에서 기념품을 사는 것은 단순한 쇼핑 이상의 의미가 있다고 생각한다. 그것은 마치 그곳에서 보낸 시간을 작은 물건에 담아내는 행위와 같다. 각각의 기념품은 그 여행지에서의 좋았던 기억과 힘들었던 기억을 상기시키는 열쇠가 된다. 나중에 큰 집으로 이사를 가게 되면 내가 좋아하는 엽서와 자석을 모아놓고 집에 놀러 온 손님들에게 자랑하고 싶다.

나만의 작은 세계지도를 그려줄 자석과 그 나라의 공기, 풍경이 담긴 엽서를 사러 또 어디를 떠나볼까?

여행 중의 책 한 권

(김찬송)

첫 여행도 그랬고 어디 멀리 떠나게 되면 집에 있는 책을 한 권 골라서 떠난다. 여행지에서 책을 읽을 시간이 있을까 의문이 들다가도 일단 가져간다. 가지고 가도 못 읽을 때도 있다. 하지만 공백이 생기는 시간에 책이 생각나는데 가져오지 못했다면 그 또한 아쉬울 수 있다. 여행은 마냥 많은 곳을 돌아다니는 것이 아니라 온전히 나를 위한 시간을 충분히 가지는 것에 목적이 있다. 그 부분이 충족된다면 보통 여행지에서 한 권의 책을 완독한다. 그것만으로도 떠나온 시간이 만족스럽다. 혼자 조용히 평온한 상태에서 책을 읽으면 더 집중이 잘 된다. 한국이든 외국이든 장소는 중요하지 않다. 그냥 혼자 조용히 있는 것이 힐링이고 여행이다.

각기 다른 여행지에서 읽는 책을 가지고 와 읽는 것은 새로운 기분을 들게 한다. 나라는 사람은 기분이 아주 중요한 사람이다. 그래서 평소에도 기분을 많이 신경 쓰고 관리한다. 주변에 의해 좋은 기분을

망치고 싶어 하지 않아 크게 어떠한 일이든 동요되거나 심각해지지 않는다. 무슨 일이든 있을 수 있는 일이라 생각하고 문제보다 해결 방법에 집중하려고 한다. 물론 매번 잘되지는 않지만 흐트러지게 만드는 주변 상황 속에서도 다시 원하는 기분으로 돌아오려고 애쓰다 보면 다시 감정은 정리된다. 여행지에 가지고 간 책을 완독 못 하더라도 조금씩 읽고 와닿는 느낌마저도 너무 좋다. 느낌을 설명하자면 실제로 지난 29살 무렵 여름 몽골의 테를지 공원에서 묵은 적이 있다. 몽골은 7~8월의 계절이 가장 여행하기는 좋은 시기인 듯했다. 낮에는 따뜻하다가 저녁은 쌀쌀하다. 자연도 푸르고 잔잔하다. 그곳에서 머물렀던 몽골의 전통 집인 게르 문 앞에 의자를 두고 앉아서 책을 읽는다. 도시의 소음이 전혀 없는 자연이기에 집중도 잘 되지만 책의 내용에도 감정이 잘 이입된다.

책을 읽다 또 잠시 주변을 본다. 그날 읽었던 책은 평소에도 아끼는 『초인 대사들이 말하는 삶의 의문에 관한 100문 100답』라는 책이었다. 천천히 보는 책이라 다 그곳에서 다 읽지는 않았다. 그곳에서 읽은 내용은 인간이 세상에 태어난 이유부터 세상에 일어나는 많은 사건에 대해서 질의응답을 하는 내용이 있다. 세상의 빛에 대해 알려주는 내용이 꽤 신선하다. 초원 위에서 나의 태어난 이유와 살아가면서 일어나는 사건의 의미 깨달음을 또 한 번 생각하게 만든다. 이곳에 오기 전 나는 몽골이라는 장소를 원했고 그렇기에 계획했다. 예약하고 떠나왔다. 그렇게 와있다는 것에 더욱더 큰 만족감을 가진다. 다 원하는 대로 만들어가고 있지 않은가. 과정들을 통해 세상의 사람들과 더불어 살아가는 의미 또한 더 깊이 생각하게 되고 어떠한 인간의 모습으로 살아가고 싶은지 정리하게 된다.

책의 내용을 깊이 정리하지 못하는 아쉬움은 있지만 아끼는 책 중의 손에 꼽는 책이다. 꼭 읽어 보길 바란다.

사람은 누구나 태어나고 죽는다. 우리는 그동안에 어떻게 살 것인가 계속 생각하고 알게 모르게 많은 것을 선택한다. 나만의 생각에 의한 선택도 있을 것이고 주변의 조언에 의한 선택도 있을 것이다. 또 책이라는 좋은 길라잡이도 있다. 어떻게 받아들이고 행동하는 것은 항상 본인의 몫이다. 책은 영감을 준다. 그리고 행동하게 만든다. 일반적으로 평상시에 대부분 사람들은 책과 거리가 있다. 나도 물론 그중 한 명이기도 하다. 그래서 여행을 갈 때라도 어떻게든 읽어보자 해서 한 권씩 집어 들고 떠나는 것이다. 그렇게 하다 보니 책을 통해 얻은 영감을 바탕으로 행동하고 그런 일이 잦아질수록 발전하는 사람이 되는 것을 새삼 알게 된다. 사람마다 다를 수는 있겠지만, 나는 그랬다. 기분은 중요하게 생각하기에 그래서 기분이 좋은 상태를 유지하려고 웃는 모습을 잘 하곤 한다. 위해 하는 것이지만 주변의 반응과 환경에도 좋은 영향을 미치게 된다.

매년 크루즈 여행을 떠난다. 한번은 그곳에서 자청이라는 작가의 『역행자』라는 책을 읽었다. 내용은 이렇다. 세상이 정해놓은 방식으로 사는 순리자처럼 살지 말고 역행자로 살자. 짧게 이야기해보자면 내가 본 것은 그렇다. 그 책을 크루즈 침대 위에서 바다 보며 읽으니 하루가 금방 흘러갔다. 그날은 그렇게 시간을 썼다. 책을 읽고 노트를 펴서 역행자로 살고자 하는 계획을 정리한다. 여행에서 책을 읽을 시간 적 여유까지 있어 계획으로까지 이어갈 수 있지 않은가. 누구나 그렇다는 말은 아니다. 나에게는 도움이 되었다. 계획까지 세울 시간이 없을 때도 많이 있었지만 그건 상황에 따라 다르기에 늘 책을 준비해 있는 것이다.

나만의 시간을 자유롭게 쓰고 그 시간을 책이라는 물건 하나로 유익하게 보낸다면 더 만족스러운 여행이 될 것이다. 물론 여럿이 떠나거나 함께 하는 사람들로 인해 그렇지 못하는 시간을 보내더라도 뭐어떤가. 그것도 그만의 즐거움과 추억이라 생각한다. 후회 없는 삶을 살고 싶다는 생각을 자주 한다. 그래서 후회 없이 사는 것이 나에게는 어떤 것인가 고민한다. 고민이 잘 해결이 되지 않아서 고민이라고 하는가 보다. 후회 없이 사는 것이 어떤 것인지 아직 완벽히 찾지 못했다.

하지만, 계속 되뇌다 보니 예전보다는 기준이 생기고 정리가 되어 있다. 기준을 세우는 것에 도움이 되는 것이 책이었고 여행이었다. 집 앞을 걷는 것만으로도 여행이 될 수 있고 국내든 해외이든 어디라도 가는 곳이 여행이다. 짧게 머무는지 길게 머무는지의 차이이다. 우선 떠나 보자. 혼자도 좋고 함께여도 좋다. 0살부터 100살까지 산다고 해도 우리의 시간은 생각보다 길지 않다. 지구에 태어나 최대한 많은 것을 경험하고 보고 가야 한 번뿐인 인생이 아깝지 않을 거 같다. 시간과 상황은 내가 만드는 것이기에 각자의 생활에서 방법이 어렵고 궁금하다면 비슷한 사례의 책을 찾아 길잡이로 활용해 보자. 여행 중 책 한

권을 기억하고 이 글을 읽는 사람들도 이를 통해 어디든 떠나는 시간
이 생긴다면 적용해 보길 바란다.

3-4

추억의 동반자들

(박미경)

여행을 떠날 때마다 우리는 가방을 챙긴다. 신중하게 고른 옷가지, 지갑, 여권, 카메라, 그리고 혹시 몰라 챙기는 사소한 것들까지. 여행 가방에는 설렘과 기대가 담겨있다. 하지만 막상 여행이 끝나고 돌아와 보면, 가져간 물건보다 여행 속에서 얻은 것들이 더 소중하게 느껴질 때가 많다. 어느 날 문득 가방 속에서 발견한 기차표 한 장, 길거리에서 받은 명함, 현지 시장에서 산 작은 기념품. 이런 것 들은 단순한 물건이 아니라, 그 순간의 분위기와 감정을 떠올리게 해주는 특별한 존재가 된다.

여행을 기억하는 방법은 여러 가지다. 사진을 찍거나, 일기를 쓰거나, 영상을 남길 수도 있다. 하지만 가장 강렬한 기억은 작은 물건 하나에서 시작된다. 가방 한쪽에 넣어 두었던 작은 종이 한 장, 그 위에 적어둔 문장 하나만으로도 여행의 순간이 다시 떠오른다. 그래서 나는 여행 속 물건에 대해 이야기하려고 한다. 떠나기 전에 챙기는 물건들, 여행 중 우연히 만나는 것들 그리고 여행 후에도 우리 곁에 남아 추억이 되는 것들에 대해. 이 책을 읽으며 당신도 자신의 여행 가방 속, 혹은 책상 위에 남겨진 작은 물건들을 떠올려 보면 좋겠다. 그 안에는 당신만의 특별한 이야기가 담겨있을 테니까.

여행의 물건이 특별한 건 단순히 여행에서 쓰였기 때문만은 아니다. 그 안에는 우리가 경험한 순간들, 느꼈던 감정들, 그리고 만났던 사람들의 흔적이 담겨 있다. 여행지에서 마주하는 모든 순간은 새롭고 흥미롭다. 익숙한 일상을 벗어나 다른 환경, 다른 언어, 다른 풍경 속에서 새로운 경험을 하게 되고, 그때 함께한 물건들은 그 순간의 감정을 고스란히 간직한다. 그래서 여행이 끝난 후에도 작은 물건 하나가 그때의 기억을 생생하게 불러오곤 한다.

몇 년 전 서유럽 여행에서 사 온 작은 마그넷이 있다. 무심코 냉장고에 붙여 놓았는데, 오가며 볼 때마다 그때의 기억이 떠오른다. 작은 골목길 가게에서 마그넷을 샀던 날, 따뜻한 조명 아래 점원이 건넨 친절한 미소, 저녁 거리에서 들려온 음악까지. 작은 마그넷 하나가 그 순간을 불러온다. 선선했던 바람, 맛있었던 현지 음식, 함께했던 사람들의 웃음소리까지. 그날의 기억들이 이 작은 물건에 스며 있다. 생각해 보면 그 순간들은 단순한 추억이 아니라 마음속에 오롯이 남아 이 마그넷 속에 있는 한 장의 그림과 같다. 이렇게 작은 물건 하나가 시간과 거리를 넘어 그날의 나를 다시 만나게 해줄 줄이야. 그렇게 일상에서 문득 여행의 기억을 마주할 때마다 우리는 또다시 새로운 여행을 꿈꾸게 된다. 다음에는 어디로 떠나 볼까 하는 기대감과 함께.

시간이 지나면서 여행의 기억은 점점 흐릿해지기 마련이다. 그런데 그 물건을 손에 쥐는 순간, 우리는 다시 여행지로 돌아가 그때의 공기, 소리, 감정까지 떠올릴 수 있다. 그래서 여행의 물건들은 단순한 짐이 아니라 우리의 기억을 간직한 특별한 존재다. 우리가 겪었던 경험과 감정을 다시 꺼낼 수 있는 작은 추억 상자 같다.

아빠와 함께한 여행에서 받은 작은 가죽 앤티크 알람 시계가 있다. 이 시계는 단순한 시간 알람을 넘어, 아빠와의 소중한 추억을 간직하고 있다. 낯선 방, 사이드 테이블 위에서 '삐리리—' 소리에 눈을 뜨면 그립던 아빠의 기억이 살며시 깨어난다.

"일어나야지, 새로운 하루가 기다리고 있어." 말하던 모습이 떠오른다.

어릴 적 여행을 떠나기 전날 밤 설렘 가득했던 대화, 새벽녘 부드럽게 깨워주던 손길, 그리고 길을 나서며 건네던 따뜻한 미소. 아빠가 남겨준 사랑과 추억이 고스란히 담겨있다. 아빠는 떠나셨지만, 이 시계 덕분에 그 순간들이 여전히 내 곁에 남아있다. 매일 아침 시계가 울릴 때마다 그때 아빠와 함께했던 여행이 다시 살아나는 느낌을 받는다. 나는 손때 묻은 가죽을 조심스레 쓰다듬으며 생각한다. 언젠가 시간이 흘러 시계가 멈추는 날이 오더라도, 그 순간마저도 따뜻한 기억이 될 것 같다.

여행 중 선물에 대한 나의 잘못된 해석이 있었을 때다. "너 여기

여행 왔냐? 선물 사러 왔냐?" 구경은 뒷전인 채 상점마다 뛰어다니는 내 모습에 사람들이 물어본다. 그때의 나는 왜 선물에 집착했을까. 굳이 말한다면 그곳에만 살 수 있는 물건들이 있었기 때문이다. 캐나다 살 때, 단풍나무 수액으로 만든 메이플시럽이 유명했다. 1리터짜리 열 개. 무게를 견디지 못한 이민 가방이 공항에서 결국 찢어지고 말았다. 시선 집중. 내 욕심이 그대로 보이는 거 같아 창피했다. 공항에서 주는 시뻘건 테이프로 칭칭 싸맸다. 마중 나온 남편이 그 처참한 가방을 트렁크에 실으며 "뭐가 이렇게 무겁냐" 한숨 소리를 들으며, 생각했다. 나도 마음속에 의문이 들었다. '왜 또 이 고생을 하지?' 사람들이 선물을 받고 행복해하는 걸 보는 게 좋아선가?' 선물을 건네며 내가 더 기뻐하고 있는데 친구가 말했다. "자기야. 코스코에 메이플시럽 들어왔어. 무거운 거, 그만 들고 다녀." 팔에 힘이 쭉 빠졌다. 근데 또 한편으론 '아. 이제 됐다. 안 사와도 되겠다.' 애써 서로 미안하고 고마워서 웃는다. 글로벌시대 아니냐. 덕분에 이제 여행선물에서 벗어나 여행이 한층 가벼워졌다. 코로나가 끝나고 울릉도 여행을 갔다. 같이 간 언니 동생들이 나를 잘 알고, 뭘 하나 잡으면 "내려놔"라고 떼창을 했다. 얼른 손을 호주머니에 꾹 넣었다. 평상시 나라면 나보다 오징어랑 호박엿이 먼저 집에 도착했었어야 한다. 아무것도 사지 않고 빈손으로 돌아오자, 남편은 웃으며 머리까지 쓰다듬어 주었다. 그 모습에 진심이 느껴졌다. 아마도 그 순간이었을 것이다. '아. 좀 더 일찍 깨달았어야 했을까?' 이제는 나도 선물에 대한 집착을 내려놓으려 노력하고 있다. 크고 무거운 선물은 필요 없다. 의미는 그대로 담으면서 실용적이고 편하게 나눌 수 있는 그런 선물이 더 좋다. 요즘은 우리 남편이 좋아하는 그곳의 소주잔을 사보았다. 최근에 두바이 갔을 때 소주잔, 싱가폴 갔을 때 소주잔 하나씩 샀다. 남편에게 환영받고 있다. 사실 선물을 기다리진 않는다. 내가 섭섭해서다. 오늘도 부자가 마주 앉은 저녁 식탁에서 기념품 잔을 두고 고르기를 한다.

"아들 어떤 거? 두바이? 싱가폴?" "아부지는 어디로 가실래요?"

남편은 멀리는 비행기도 못 타면서 "나는 두바이."

시원한 소주 한 잔씩 부어 "건강하자"를 외치며 짠~. 두 사람은 소주잔 하나로 서로 각자의 여행을 떠난다.

기차표, 찻잔, 동전, 지도 같은 물건들이 중요한 게 아니라, 그 물건에 담긴 추억과 느낌이 더 중요하다. 이런 것 들은 우리가 어디를 다녀왔는지, 어떤 순간을 보냈는지를 기억하게 해주는 소중한 물건들이다. 우리가 느꼈던 감정을 담고 있는 타임캡슐 같은 존재다. 혹시, 당신의 여행 가방 속 어딘가에도 그런 물건이 남아 있지는 않은가?. 서랍을 열어보거나, 책상 위를 둘러보자. 그 속에 당신의 여행을 다시 떠올리게 해줄, 소중한 물건 하나를 발견할 수 있을지도 모른다. 그리고 그 물건을 통해 다시 한번 여행의 순간으로 돌아가 보기를 바란다. 냉장고에 붙은 마그넷, 책상 한편의 엽서, 가방 속 작은 열쇠고리까지. 바쁜 일상 속에 문득 시선을 사로잡는 그 순간, 우리는 다시 한번 여행자의 설렘을 느낀다. 새로운 여정을 떠날 날을 기대하며 오늘을 살아간다. 여행지에서 무심코 산 엽서 한 장은 단순한 종이가 아니라 여행의 기억과 감성을 전하는 의미 있는 선물이다. 어느 나라를 동경하는 친구

가 있다면 그곳의 엽서 한 장을 선물하자. 엽서 한 장의 담긴 여행의
추억은 마치 그 순간을 함께 느끼고 싶은 마음이 아닐까.

"나 여기서 이러고 있어. 친구야." 그곳을 한 줄 쓴다.

중고 카메라

(복기령)

매주 월요일이 되면 카메라를 들고 출사 여행을 간다. 2023년 가을 학기 스마트폰 사진반 수업을 들으며 교수님을 알게 됐다. 교수님은 스마트폰과 카메라, 드론 수업까지 하고 있었다. 스마트폰 사진 수업을 모두 마치고 전시회가 있었다. 우리 전시회가 끝나고 심화 반 회원들의 전시회가 이어졌다. 심화 반 사진들은 우리와 차원이 달랐다. 햇빛에 반짝이는 물방울, 지붕과 담장의 곡선들이 더욱 세련되고 멋져 보였다. 일출과 일몰, 다양한 꽃들, 사찰 등 촬영 소재들이 많았다. 나도 정교하고 멋진 사진을 다양하게 찍고 싶었다.

2024년 1월에 심화 반 수업에 들어갔다. 교수님을 통해 중고 카메라를 샀다. 카메라는 니콘 D850이다. 카메라를 받는 순간 무게에 놀랐다. 커다란 크기만큼이나 무게가 상당했다. 2kg 정도는 되는 것 같았다. 교수님은 카메라 작동 방법을 간단히 알려주었다. 여기저기 여행하며 예쁜 풍경들을 담을 수 있다는 생각에 마냥 행복했다.

출사 가는 날이 되면 언제나 설렌다. 전날 밤부터 카메라를 만지고 또 만진다. 배터리 충전을 하고, 새벽 차가운 공기에 맞설 마스크, 목도리, 장갑, 모자 등을 챙긴다. 새벽에 일출 사진을 찍으러 가는 날이 많다. 노을 지는 하늘을 카메라에 담기도 한다. 햇살이 비친 푸른 바다, 하얀 운무가 산등성을 타고 피어오르는 장면은 감탄이 절로 난다. 스마트폰으로 찍을 때보다 색감이 더욱 선명하다. 생동감이 느껴진다. 구름 사이로 햇빛이 내릴 땐 그 빛을 온몸으로 받는 느낌이다. 여행하며 카메라에 담은 풍경은 다양했다. 이른 봄에는 홍매화와 산수유를 담았다. 여름에는 해바라기와 연꽃, 일출과 일몰 사진, 가을에는 햇살에 비친 우포늪, 핑크 뮬리와 코스모스 등을 만났다. 새벽 촬영 때 안개 속에 가려진 풍경들도 묘한 매력이 있었다. 안개 속을 뚫고 날아오르는 오리들을 놓칠세라 연속으로 셔터를 눌렀던 기억들, 함께 한 동료들과의 추억들도 생생하기만 하다.

2024년 여름날 사진반 동료들과 1박 2일 여행을 떠났다. 당일엔 마이산을 거쳐 금산사로, 다음 날엔 국사봉에 올라 일출 사진을 찍고 내려와 전주 한옥마을로 가기로 했다.

총 11명이 3대의 승용차에 나눠 타고 마이산을 지나 금산사로 갔다. 시간이 늦어 마이산에는 가지 않았다. 금산사에 도착해 사찰을 둘러봤다. 한여름 저녁 햇살이 강하게 내려앉은 사찰 기와 지붕이 눈에 들어왔다. 뜨거운 빛이 기와의 곡선을 더욱 돋보이게 했다. 마당 한편에 자리 잡은 배롱나무가 멋지게 반짝이며 우리를 반겼다. 나는 사찰 기와와 배롱나무를 찍고 미소 지은 부처님 얼굴도 카메라에 담았다. 우리는 금산사 구석구석을 둘러보며 사찰 풍경들을 담고 자리를 떴다.

민박집에서 하루를 머물기로 했다. 교수님이 인터넷으로 민박할 수 있는 주택에 예약했다. 2층으로 된 시골 주택이다. 모두 민박집으로 향했다.

교수님과 총무는 마트에 가 맥주와 음료수 간식거리를 사 왔다. 도영 언니가 레드와인과 화이트와인을 준비해 왔다. 부드럽고 싱싱한 연어도 있었다. 즉석에서 우리는 예쁜 카나페를 만들었다. 식탁엔 어느새 푸짐한 음식들로 가득 찼다. 우리는 시원한 맥주 한 잔과 와인 한 잔으로 건배하며 목을 축였다.

오늘 하루에 대해 이야기하고 있을 때였다. 갑자기 거실에 지네가 나타났다. 앉아 있던 우리는 깜짝 놀라 그 자리에서 일어났다. 교수님은 잽싸게 지네를 잡았다. 지네의 출현으로 한바탕 소동이 있었지만, 교수님의 발 빠른 행동으로 다시 잠잠해졌다. 맛있는 음식을 먹으며 담소가 이어졌다. 한 시간 정도 지난 뒤, 마무리하고 각자 잠자리에 들 준비를 했다. 이부자리를 깔고 불을 끈 후 잠을 청했다. 시골이라 밖은 깜깜하고 조용했다. 고장 났던 에어컨이 다시 작동하기 시작했다.

시원한 에어컨과 선풍기가 있어 잠은 잘 만했다. 깊은 잠에 빠질 때쯤 몸에서 무언가 기어가는 느낌이 들었다. 눈을 감은 채 손으로 더듬어 보았다. 길쭉한 무언가가 손에 만져졌다. 놀라서 벌떡 일어났다. 놀란 소리에, 거실에 자고 있던 동료 언니들이 모두 일어났다. 불을 켜고 이부자리를 들쳐 봐도 아무것도 보이지 않았다. 맨 밑에 깔아놓은 매트를 들어 올리는 순간이었다. 지네가 이불 밑에서 꿈쩍도 하지 않고 그대로 있었다. 우리는 서로 합창하듯 "아, 지네다!"를 외쳤다. 그 순간

지네는 구석으로 도망가기 시작했다. 2층에서 자고 있던 교수님이 깜짝 놀라 일어났다. 도영 언니가 잽싸게 도망가는 지네를 잡았다. 한바탕 소동이 또 지나갔다. 우리는 쉽게 잠을 잘 수 없었다. 지네가 또 나올까 두려웠다. 교수님은 2층에서 자라고 자리를 바꾸어 주었다. 우리들은 이불을 들고 2층으로 올라갔다. 그제야 안심하고 잠을 잘 수 있었다. 아침에 일어나 보니 거실에 교수님이 이불도 덮지 않은 채 자고 있었다. 시끄러운 소리에 교수님은 일어났다. 우리가 이불을 다 갖고 올라가는 바람에 새벽에 추웠다 한다. 여름이지만 시골이라 새벽엔 좀 추웠다. 우리는 지네가 나타날까 봐 2층으로 올라가기에 바빴었다. 죄송한 마음이 들었다. 교수님은 웃음으로 넘겨주었다. 지금도 사진반 동료 언니들은 그날의 지네 소동을 이야기하며 깔깔 웃는다. 여행을 좋아하고 카메라를 사랑하는 마음 덕분이다. 그날의 기억은 카메라에 담은 풍경보다 더 빛났던 잊지 못할 사건이다.

2024년 7월 마지막 주 월요일 일출 사진을 찍으러 오도산 정상에 가기로 한 날이다. 오도산은 경남 합천과 거창에 걸쳐 있는 산으로 해발 1,134m 높이의 산이다. 통신기지국이 있어 정상까지 차로 갈 수 있다. 천주산 주차장에 새벽 3시에 만나 출발하기로 했다.

올림픽 경기를 보며 밤을 새웠다. 양궁 경기가 있었다. 우리나라 선수들과의 경기였다. 응원에 집중하다 보니 시간 가는 줄 몰랐다. 새벽 2시가 되었다. 카메라와 시원한 커피를 준비해 천주산 주차장으로 갔다. 9명이 한자리에 모였다. 우리는 자동차 두 대로 나눠 타고 오도산으로 향했다. 오도산 정상에 오르는 길은 매우 험하고 구불구불했다.

몸이 왼쪽과 오른쪽으로 왔다 갔다 했다. 우리는 한마음으로 안전하게 정상에 오르기를 응원하며 교수님 차를 뒤따라갔다. 올라가는 길에 새끼 멧돼지도 만났다. 앞서가던 교수님 차량이 멈추어 기다렸다. 약 5분 정도 기다린 끝에 새끼 멧돼지는 사라졌다. 30분을 더 달려 드디어 정상에 도착했다. 정상에 도착하자 시야에 들어 온 광경에 "와!" 하는 감탄사가 절로 났다. 온몸에 전율이 느껴졌다. 하얀 운무가 산 전체를 덮은 채 피어오르고 있었다. 새로운 세상과의 만남, 신성이 사는 세계로 와 있는 것 같았다. 무거운 니콘 카메라를 들고 연신 셔터를 눌렀다. 바로 눈앞에서 운무가 사라졌다 피어오르기를 반복했다. 어둠이 서서히 물러가고 태양이 모습을 드러낼 때는 가슴이 벅차올랐다. 태양이 떠오르면서 오렌지, 핑크, 붉은색으로 하늘을 물들이고 있었다. 구름은 다양한 모양을 만들며 우리에게 보여주었다. 동료들은 "저것 봐 용의 머리야! 강아지로 변했네, 이번엔 하트 모양이야!"를 외치며 좋아했다. 새벽 3시에 나온 보람이 있었다. 떠오르는 태양을 보며 새로운 다짐을 했다. 하루하루를 허투루 보내지 말자고. 어떠한 어려움도 다 헤쳐 나갈 수 있을 것만 같았다. 오도산 정상에서 바라본 일출은 정말 특별했다. 새로운 용기와 희망을 품고 돌아온 오도산. 지금도 생생하게 가슴에 남아 있다.

카메라와 함께한 순간들은 나만의 이야기를 만들어 준다. 잊지 못할 소중한 기억으로 남게 한다. 사진 전시회를 통해 가슴 뛰는 나 자신을 발견했다. 감동으로 남는 순간을 카메라에 담을 수 있어 좋았다. 동료들과 국사봉에 올라 아름다운 풍경을 찍었던 기억, 오도산에서 일출을 바라보며 느꼈던 황홀한 순간, 다대포에서 찍었던 일몰, 태양이 산등성이 아래로 천천히 내려가면서 다양한 색으로 물든 하늘, 그 순간의 고요함과 아름다움은 지금도 잊을 수 없다. 동료들과 차 안에서 또 산 정상에서 먹는 간식은 꿀보다도 더 달콤했다. 커피 향이 가득한 예쁜 카페에 앉아 나눈 이야기들, 그리고 웃음들은 진정한 행복을 더해 주었다. 무겁게 느껴졌던 니콘 카메라가 요즘은 무척 가볍게 느껴진다. 나의 여행에서 언제나 함께할 고마운 친구다.

비상약과 화투

(신혜숙)

나에게 여행은 목적지가 아니라, 함께하는 사람들과 만들어가는 추억들이다. 사람들과 더 행복하고 즐겁게 여행하기 위해서 꼭 챙기는 것이 두 가지 있다.

제일 먼저 챙기는 것은 비상약이다. 작은 가방 안이 약으로 가득하다. 감기약과 소화제 진통제. 나이가 들면서 괜한 걱정에 약들이 점점 늘어난다.

내가 이렇게 비상약을 넉넉히 챙기는 데에는 이유가 있다. 이전에 여행 도중 아파서 고생한 경험이 있어서다. 이탈리아 여행 중 처음으로 심하게 몸살이 났다. 항상 씩씩한 나를 보고 동생들은 나중에 나이 들어도 언니처럼 건강하고 싶다고 말했다. 짧은 일정으로 영국, 프랑스, 이탈리아, 스위스 국경을 넘어 다니는 서유럽 패키지여행은 힘들었다. 꽉 짜인 일정은 짧은 시간에 여러 나라를 숨차게 다녔다. 숙제하듯 유명 관광지만 훑고 지나갔다. 전날 프랑스에서 버스로 10시간

걸려 밤늦게 밀라노에 도착했다. 숙소에서 잠을 자고 다음 날 일찍 피렌체 베네치아를 가는 일정이었다. 큰 캐리어에 다시 짐을 싸서 버스를 탔다. 음식을 거의 먹지 못하고 강행군한 것이 원인이었다. 비도 오고 날씨가 쌀쌀했다. 몸이 으슬으슬 추웠다. 일행들이 걱정할까 봐 참았다.

피렌체 토스카나 지역은 가죽공예로 유명하다. 가죽 제품 상점 안에는 가방 벨트 등 기념품들이 가득했다. 안으로 들어서자마자 가죽 냄새에 머리가 깨질 듯이 아팠다. 도저히 참을 수 없어서 밖으로 나와 보니 광장에 다비드 동상이 있었다. 밑에서 올려다본 동상은 손과 머리가 커 보였다. 옆 벤치에 앉아 바람을 쐬며 눈을 감았다. 보고 싶었던 베네치아는 눈에 들어오지도 않았다. 곤돌라 아저씨의 산타루치아 노래도 귀에 들리지 않았다. 작은 빗방울이 몸에 닿을 때마다 아팠다. 그냥 숙소에 가고 싶은 생각뿐이었다. 버스에 탑승해서 머리를 기대고 누웠다. 보다 못한 동생들이 반복으로 합창한다. '여기까지가 끝인가 보오.' 나를 두고 하는 말이다. 결국 숙소에 돌아와 몸살약을 먹고 누웠다. 오한으로 집에 있는 전기담요가 그리웠다. 친구들은 걱정 어린 눈빛으로 야단을 쳤다. '그렇게 안 먹으니까, 몸살이 나지부터 아플 줄 알았다'라는 둥, 위로인지 타박인지 한마디씩 했다. 큰언니 체면이 말이 아니다. 가져간 비상약 덕분에 다음날 조금 일어날 수 있었다. 하지만 나의 모습은 못 얻어먹은 난민이었다. 평소에도 들어간 눈은 더 들어가서 봐줄 수가 없었다.

먹거리를 많이 챙겨 온 일행이 따뜻한 물에 누룽지 죽을 만들어줬다. 얼마나 고소하던지 한 그릇을 비웠다. 며칠 만에 먹은 음식이었다.

아파보니 먹거리의 중요함도 새삼 느꼈다. 이후 누룽지도 꼭 챙겨가는 필수품이 되었다. 일상으로 돌아와 지내다가도 문득 그때 생각을 하며 혼자 웃는다. '여기까지가 끝인가 보오.' 그 노래가 귀에 맴돈다. 그때 자세히 보지 못한 베네치아는 TV 프로그램에서 보는 것으로 만족했다. 석호에 말뚝 박아 세운 물의 도시, 아쉬움이 남아 다시 꼭 가보고 싶은 곳이다.

그때부터 비상약은 나의 여행 필수품이 되었다. 나뿐만 아니라 여행을 함께 하는 사람들도 모두 즐겁게 건강하게 여행하기를 바라면서,

몇 년 뒤 유럽을 여행할 때 같이 다니던 할머니가 배탈이 심하게 났다. 시골에서 온 이장님 부부였다. 딸이 효도 관광을 보내줘서 처음 해외여행을 왔다 한다. 가져온 약이 없어서 할아버지는 어쩔 줄 몰라 했다. 가이드는 지사제 가지고 있는 사람을 애타게 찾았다. 할머니는 매우 힘들어서 기운이 없어 보였다. 때마침 내가 들고 온 비상약품을 할머니에게 드렸다. 약 효과가 있었다. 그 뒤로 할머니는 나를 만날 때마다 손을 잡고 고맙다고 말했다. 여행을 함께하는 사람들에게 내가 챙겨간 비상약 덕분에 도움이 됐다니 뿌듯하다. 친구들도 감기 기운이 있으면 나에게 온다. 누가 약국집 아니랄까 봐 들은 것은 있어서 감기약을 건네며 하루 세 번 먹으라고 처방까지 한다. 다음 날 만나면 몸이 좋아졌다고 친구들이 고마워한다.

멀미를 심하게 하는 나는 편강을 가방에 꼭 넣어 다닌다. 가을이면 햇생강이 나오기를 기다린다. 연중행사처럼 하는 작업이다. 집안 가득 생강 향이 가득하다. 나눠 먹으면 좋아할 친구들 생각에 미소가 지어

진다. 편강은 꾸준히 섭취하면 감기 예방에 도움이 된다. 멀미에도 좋다. 이동하는 버스 안에서 나눠 먹으면 입안이 개운해진다. 뒷자리로 전달, 다들 입속에서 오물거린다. 같이하는 즐거운 여행을 위해 서로 나눈다.

두 번째로 챙기는 물건은 화투다. 화투는 여행지에 항상 가지고 다닌다. 어쩌다 빼먹으면, 친구들의 따가운 시선을 느낀다. "언니! 제일 먼저 챙겨야지!" 공항 가는 길에 내려 슈퍼에서 다른 화투를 사 가지고 간다. 그만큼 친구들과 나에게 화투는 여행에서 빼놓을 수 없는 준비물이 되었다. 화투 하나로 우리는 하루를 마무리하며 더 즐거운 추억을 만든다.

관광하고 숙소에 들어오면 모두 동전 지갑과 함께 내 방으로 집합했다. 탁자 위에 수건을 여러 장 깔고 빙 둘러 의자에 앉아 논다. 동전이 없으면 사탕 개수로 점수를 매겼다. 울릉도에서는 호박엿으로 대신했다. 각자 집안의 선수들이 모였다. 김씨 가문의 며느리는 시댁에 가면 시아버지와 치던 실력이라며 자랑했다. 또 다른 친구는 자기가 이씨 집안 대표라고 화투 치는 소리가 요란했다. 하하 호호 이 시간만큼은 우리 모두 타짜었다. 가끔 승부욕에 눈빛이 예사롭지 않았다.

새벽까지 이어진 적도 있다. 우리는 여행하면서도 특별한 화투가 있는지 찾곤 한다. 친구 아들이 울릉도 여행 갔다 왔다며 화투를 선물했다. 처음 본 울릉도 화투는 색깔과 그림이 예뻤다. 작가가 직접 그렸다고 한다. 울릉도의 삼선암, 케이블카, 오징어배, 성인봉, 관음도, 독도 경비대가 그려져 있다. 나는 울릉도 특산물 호박 쌍피 그림을 좋아한다. 독도를 기억하고자 제작하게 되었다고 한다. 파란색 화투는 보고 있으면 눈이 시원했다. 3년 전 울릉도에 갔을 때 여행기념품 겸 나눠 줄 선물로 울릉도 화투를 10개 샀다. 모두 특이한 선물에 좋아했다. 울릉도 방문 기념으로 소장 가치도 있다. 치매 예방이라는 거창한 이유도 있지만, 뇌를 자극하기 좋은 놀이라고 우리는 말한다. 마음껏 웃을 수 있는 이 분위기를 좋아한다. 한 친구는 동전을 너무 많이 들고 가서 보안 검색대에 걸려 따로 불려 간 적도 여러 번 있었다. 가방 열어보라는 검색 직원 말에 창피했다. 직원이 물어보지도 않았는데 미리 말했다. "밤에 친구들하고 놀려고요." 유럽 여행 때는 동전이 무거워서 고민했다. 지폐로 환전도 할 수 없었다. 점수가 나면 일부러 백 원짜리 동전으로만 주었다. 덕분에 캐리어 무게를 조금 줄일 수 있었다.

여행도 일상의 연장선이다. 가끔은 소박한 일상에서 벗어나 여유를 즐긴다. 게임을 하며 소통하고 서로의 이야기를 나누는 시간이다. 같이하는 이 시간은 유대감을 깊게 만들어 준다. 승패를 떠나 웃음과 아쉬움도 있다. 이런 소소한 순간들이 모여 특별한 여행의 추억이 된다. 다양한 추억이 쌓여 나중에 그 순간들을 회상하며 미소 짓게 된다. 행복이 별건가! 행복은 특별한 순간에만 찾아오는 것이 아니다. 함께하는 사람들과 소통하며 즐거운 추억을 만드는 것이다. 주변 사람들과 따뜻한 관계를 만들어 가는 것이 행복으로 가는 길이다.

3-7
종소리와 함께한 여행

(양정회)

여행지에서 기념품 사는 것을 좋아한다. 이것도 여행의 한 부분이라고 생각한다. 내가 기념으로 가지기도 하고 가족이나 친구에게 선물도 한다. 또 여행한 곳을 추억할 수 있는 매개체가 될 때도 있다. 여행지별로 같은 아이템을 모으기 좋아하는 사람도 있다. 보통 열쇠고리, 엽서, 냉장고 자석, 컵, 티셔츠, 텀블러 등이 있다.

튀르키에 고대 유적 도시인 시데(Side)의 아폴론 신전을 갔을 때다. 길거리 기념품 가게에서 처음으로 종을 샀다. 금속으로 만들어진 종 표면에는 아폴론 신전이 새겨져 있다. 아폴론 신전은 클레오파트라와 안토니우스가 밀월여행을 왔다는 곳으로 유명하다. 그 후로 여행지마다 그곳의 종을 사기 시작했다. 스페인 미하스와 마드리드, 독일 베를린, 크로아티아 두브로브니크, 슬로베니아 블레드, 스위스 루체른, 몰타 등. 이 종들은 지금 우리 집의 장식장에 진열되어 있다. 가끔 먼지도 닦아 주고 꺼내서 흔들어 보기도 한다. 맑고 고운 소리에 기분이 좋아진다. '아, 이거 스페인 남부 미하스 하얀 마을에서 산 거지', '이건 슬로베니아 블레드성에서 산 거지' 하며 기억을 더듬어 보기도 한다. 종의 표면에 그려져 있는 그림을 보고 어디서 산 건지 금방 알 수 있다. 대부분 도자기와 금속으로 되어있다. 재질에 따라 소리와 울림이 완전히 다르다. 또 같은 재질이라도 모양과 크기에 따라 조금씩 다르다.

이 모든 것은 나에게는 비타민이자 소소한 행복이다. 종소리는 단순한 울림이 아니다. 그 순간을 기억 속에 새기고, 나의 바람을 세상에 전하는 메아리다. 종소리 하면 생각나는 두 가지 에피소드가 있다.

초등학교 다닐 때 수업 시작과 마치는 시간을 알려주는 종소리가 생각난다. 땡땡땡. 시골 초등학교의 본관 1층 중앙현관과 교무실 사이 지붕 아래에 매달려 있다. 지금도 그 종의 모습이 생생하게 떠오른다.

학교 다닐 때 쉬는 시간과 점심시간은 더 짧은 느낌이었다. 쉬는 시간 종이 울리면 친구들과 운동장으로 뛰쳐나갔다. 주로 남자애들은 축구를, 여자애들은 고무줄을 하고 놀았다. 금방 들어갈 종소리가 들렸다. 우리는 종소리를 듣고도 좀 더 놀았다. 결국은 교실에 늦게 들어갔다. 얼굴은 벌겋고 땟국물이 흘렀다. 선생님께 혼이 났던 일도 있다.

학교에서 백 미터쯤 떨어진 곳에 커다란 뽕나무밭이 있다. 6학년 때의 일이다. 초여름 어느 날 점심시간이었다. 친구 한 명이 말했다.

"우리 거기 뽕나무밭에 오디 따 먹으러 가자. 지금 오디가 아주 잘 익었어."

친구들과 같이 그 뽕나무밭에 갔다. 뽕나무는 우리보다 키가 훨씬 컸다. 뽕나무들이 밭고랑을 따라 줄지어 있었다. 하늘이 안 보일 정도로 울창했다. 뽕나무 그늘이 시원했다. 또 우리를 감쪽같이 숨겨 주었다. 초록색 잎 사이로 오디가 다닥다닥 달려 있었다. 아직 덜 익은 연두색, 짙은 빨간색, 보라색, 더 잘 익은 것은 검은색으로 보였다. 입에 침이 고였다. 새콤달콤했다. 오직 오디에만 정신이 팔려있었다. 점심시간이 끝나는 줄도 몰랐다. 종소리도 들리지 않았다. 그 당시에는 시골에서 시계를 차고 다니는 아이들이 없을 때였다. 그때 친구 한 명이 갑자기 소리를 질렀다.

"야, 늦었어. 빨리 뛰어야 해. 선생님께 혼나겠어."

우리는 놀라서 들고뛰었다. 교실에 도착했을 때는 수업을 시작한 지한참 지나 있었다. 우리는 고개를 푹 숙이고 쭈뼛쭈뼛 교탁 앞에 나란히 섰다. 손을 들고 무릎을 꿇었다. 교실에 있는 반 친구들이 우리의 모습을 보고 키득키득 웃었다. 창피했다. 선생님도 하도 어이가 없는지 웃었다. 시뻘건 오디를 많이 먹었으니, 입이 빨갛다 못해 진한 보라색이다. 헛바닥에도, 입가에도 증거가 차고 넘쳤다. 뭐라고 발뺌할수도 없었다. 선생님께 혼은 났지만, 세월이 많이 흐른 지금. 초등학교친구들을 만나면 그때의 일을 얘기할 때가 있다. 철없이 놀았던 일들이 두고두고 꺼내보는 소중한 추억이 되었다.

슬로베니아 호수 한가운데에 있는 블레드섬에 갔을 때의 일이다. 여기에는 '성모마리아 승천 성당'이 있다. 이 섬에 가려면 전통 나룻배 '플레트나'를 타야 한다. 약 10분 정도면 도착한다. 이 나룻배는 동력선이아니고 직접 사공이 노를 저어서 간다. 이 호수를 보호하기 위해서라고 했다. 플레트나를 타고 가면서 보는 블레드 호수의 풍경은 어릴 때 본 달력의 한 페이지 같았다. 우리는 계속 사진을 찍느라 바빴다. 겨울 햇살에 반짝이는 호수, 파란 하늘, 그리고 눈 쌓인 율리아나 알프스를 배경으로 저 멀리 언덕에 블레드성이 보였다. 잘생긴 뱃사공 아저씨가 가끔 한국어도 섞어가며 설명했다. 우리는 손뼉을 치면서 좋아했다. 호숫가로 보이는 집들은 고급 별장과 호텔이라고 했다. 이 호수는 알프스의 만년설이 녹아 흘러 만들어진 것이라고 했다.

블레드섬이 가까워지면 성당이 더 잘 보인다. 섬에 도착하면 아흔아홉 개의 계단이 카펫처럼 깔려있다. 어디를 찍어도 멋진 액자가 된다. 군데군데 하얀 눈이 쌓여있어서 더 아름다웠다.

계단을 오르면 성당의 시계탑이 보인다. 종소리도 들린다. 우리도 종을 쳐 볼 수 있다. 성당의 종을 세 번 울리면 소원이 이루어진다는 전설이 내려온다. 그래서 '소원의 종'이라고 불린다. 이 성당은 유럽 전역에서 결혼식을 올리러 올 정도로 인기 있는 장소라고 한다. 운이 좋으면 결혼식도 볼 수 있다. 신랑이 신부를 안고 아흔아홉 개의 계단을 올라와서, 종을 치면 소원이 이루어지고 행복해진다는 속설이 있다고 했다.

우리도 표를 사서 성당 안으로 들어갔다. 성당 안에는 우리밖에 없었다. 높은 천장 아래로 침묵이 흘렀다. 촛불이 부드럽게 흔들리고 있었다. 마음이 정화되는 것 같았다. 성당 한가운데에 종을 칠 수 있는 긴 줄이 내려와 있다. 성당의 꼭대기 종과 연결되어 있다. 줄은 두꺼운 밧줄처럼 생겼다. 우리 네 사람은 한 명씩 차례로 종을 치기로 했다. 줄을 잡고 매달리듯 종을 치려고 하지만 마음처럼 쉽지 않다. 줄이 굵고 길어서 그런 것 같았다. 이제 내 차례다. 당기고 매달리면서 종을 울리려고 애를 썼다. 넘어지려고 하다가 가까스로 종을 울렸다. 소원을 빌었다. 청명한 종소리가 성당 안을 가득 채웠다. 종소리는 나의 소원과 함께 블레드 호수 위로 울려 퍼지는 것 같았다. 동료들이 종을 치려고 애쓰는 모습이 너무 우스꽝스러워 저절로 웃음보가 터졌다. 성당 안이라 조심스러웠다. 도저히 참을 수가 없었다. 한 사람씩할 때마다 우리는 키득거리며 계속 웃었다. 너무 웃어서 눈물이 났다.

　각 나라에서 만난 종들은 단순한 기념품이 아니라, 그곳에서의 시간과 기억을 담은 작은 선물이다. 종을 흔들면 튀르키예 안탈리아에서 불던 시원한 바닷바람, 슬로베니아 블레드섬의 고요한 호수가 내 마음속에 펼쳐진다. 종소리는 나를 다시 그곳으로 데려다준다. 그 소리는 내가 걸어온 길과 앞으로 나아갈 방향을 연결해 주는 징검다리와 같다. 언제 봄이 무르익었을 즈음 그곳에 한 번 더 가보고 싶다. 오늘도 블레드 성에서 만난 종을 흔들어 본다.

3-8

한 곡의 노래

(유향은)

여행을 준비할 때 그곳과 어울리는 음악을 선정한다. 곡을 선택하는 일은 호텔을 고르는 것만큼 중요한 일이다. 음악은 여행의 배경이 되어 나의 감정을 더 풍부하게 만들어 준다. 같은 것을 보아도 그 순간을 더 아름답게 만드는 게 노래의 매력이다. 기억은 눈으로 보고 느낀 것만으로 완전하지 않다. 소리와 다양한 감각이 함께 할 때 기억들이 선명하게 남는다. 그래서 소중한 순간을 오래 기억하고 싶어서 같은 노래를 반복해서 듣는다. 여행 중에 보았던 아름다운 풍경과 그 순간들의 감정을 마음속에 오래 기억하고 싶다.

여행 중 다양한 순간 음악을 듣는다.

파리는 사랑이 넘치는 샹송이 떠올랐다. 그래서 선택한 곡은 에디트 피아프의 '장밋빛 인생'이다. 몽마르트 언덕 계단에 앉아 연어 바게트 샌드위치를 먹으며 들었다. 에펠탑이 한눈에 보이는 잔디 위에 앉아 현지 맥주 블랑을 마시며 들었다. 센강 위 바토무슈를 타고 파리의 밤바람을 느꼈다. 볼을 스치는 밤공기와 정각마다 반짝이는 에펠탑을 보며 노래를 즐겼다. 왜 많은 예술가가 파리에서 탄생했는지 알 것 같았다. 높지 않은 건물들 사이 아름다운 에펠탑과 감성을 풍요롭게 만들어주는 샹송이 함께 한다면 글도 그림도 잘 그릴 수 있을 것만 같았다. 샹송은 파리를 더 사랑하게 만들었다.

페루 여행에서는 전통음악인 엘 콘도르 파사를 들었다. 전통악기인 팬 플루트를 활용한 곡인데 남미의 안데스산맥을 상징하는 곡으로 알려져 있다. 리메이크한 곡들도 많았지만 사이먼과 가펑클이 부르는 노래로 정했었다. 두 남성의 음성과 기타의 음률 그리고 팬 플루트의 조화가 좋아서 선택했다. 광활하게 펼쳐진 마추픽추를 보면서 들었다. 어디선가 매가 날아올 것 같은 기분의 곡이었다. 비니쿤카를 보기 위해 힘겹게 등산하며 들었다. 노래를 듣고 있으면 현지인이 된 기분이었다. 힘들지만 씩씩하게 한 걸음씩 더 걸어 나갈 수 있었다. 쿠스코 시내에는 전통 의상을 입고 다니며 사진을 찍어주는 사람이 있다. 그의 목에도 팬 플루트가 걸려 있었다. 반가운 마음에 듣고 있던 노래를 들려주었다. 서로 말이 통하지는 않지만 그 현지인은 나에게 환한 미소를 보이며 포옹을 해줬다. 그리고 들고 있던 악기로 같은 노래를 연주해 주었다. 남미의 기억은 노래처럼 즐겁고 따뜻한 기억이 가득한 여행지가 되었다.

부에노스아이레스는 탱고의 본고장이다. 가장 상징적인 곡 중에 하나인 'La Cumparsita'를 들었다. 보카 지구에 위치한 카미니도에서 벽화가 그려진 건물들 사이를 걸으며 들었다. 길거리와 레스토랑 안에는 탱고 댄서들이 공연이 펼쳐진다. 듣고 있는 노래는 길거리에서 종종 들렸다. 그 노래에 맞추어 춤추는 댄서들을 보고 있으니 얼마나 열정적인 곡인지 느낄 수 있었다. 리오데 라 플라타강 위에 있는 '여인의 다리' 위를 걸었다. 그 주변 펍 야외 테라스에 앉아 현지 와인 말벡을 마시며 여유를 즐겼다. 아르헨티나인들은 다리 이름을 '여인의 다리'라고 지을 정도로 탱고를 사랑하는 것 같다. 그들의 탱고를 대하는 마음이 느껴지는 장소였다. 그리고 이곳은 다른 나라들에 비해 저렴한 가격으로 스카이다이빙을 즐길 수 있다. 흔하지 않은 기회라 생각하여 도전했다. 대기 시간 속에서 긴장하며 노래를 들었다. 그리고 경비행기를 탑승했다. 하늘로 올라가는 비행이 시작되었다. 심장이 고장 난 듯 심하게 요동쳤다. 머릿속에는 수많은 생각이 지나갔다. 낙하산이 안 펼쳐지면 어떻게 하지? 비행기가 추락하면 어떻게 하지? 그런 생각도 잠시였다. 몇 분 지나지 않아 비행기는 낙하 고도에 도착했다. 무서웠지만 나와 연결되어 있는 안전요원을 믿고 비행기에서 뛰어내렸다. 정신을 차려보니 날고 있었다. 손가락 사이로 빠져나가는 구름과 찬 공기를 느끼며 내려갔다. 자유비행으로 2분 정도 날았을까 낙하산을 펼치고 안전하게 내려왔다. 그곳은 나에게 짜릿한 긴장감과 탱고의 열정처럼 뜨거운 기억을 남겨주는 곳이 되었다.

보라카이에서는 신나는 곡 위저의 'Island in the Sun'을 들었다. 반복적으로 나오는 가사 'hip,hip'이 경쾌하다. 듣고 있으면 신나고 즐거워진다. 해변과 완벽하게 어울리는 곡이라 생각했다. 일몰 시간에는 세일링 보트를 타며 들었다. 노래 가사처럼 '황금빛' 바다 위에서 바닷바람을 맞았다. 눈이 부시게 빛나는 일몰과 반짝거리는 파도를 보았다. 해가 지면 맨발로 해안가를 걸었다. 따뜻한 모래가 발가락 사이로 지나간다. 한 손에는 신발과 다른 손에는 시원한 산 미구엘 한 병을 들고 걸었다. 노래를 들으며 맥주를 마셨다. 고민이 없어지고 마음은 편안해졌다. 시내에 사람들이 많아 조용한 곳이 필요할 때가 있다. 그때는 투어를 신청해 아리엘 다이빙 포인트로 간다. 스무 명 내외 관광객들과 직원들만 있다. 다이빙을 하거나 조용히 바다를 보며 노래를 듣는다. 풍경은 노래처럼 생기가 넘치고 즐거움이 가득하다. 하지만 내 마음의 걱정은 사라지고 고요해진다. 그렇게 보라카이는 즐거우면서 고요한 곳으로 마음에 새겨졌다.

여행을 마치고 일상으로 돌아와 일에 지치고 마음이 약해질 때 노래를 꺼내 듣는다. 그 멜로디는 여행하던 순간으로 데려다준다. 행복했던 기억들이 선명하게 되살아난다. 따뜻한 커피 한 잔과 추억이 담긴 노래가 지친 나를 위로해 준다. 마치 어제의 일처럼 생생하게 떠오르는 기억은 또 다른 여행을 꿈꾸게 해준다.

여행이란 떠나는 순간 새로운 곳에서 새로운 도전을 하고 있는 나를 발견하게 된다. 큰 계획을 가지고 떠나든 계획 없이 떠나든 여행에는 정답이 없다. 무엇을 선택하든 추억만이 남는다. 즐거우면 즐거웠던 대로 힘이 들면 힘들었던 데로 추억이 된다. 그런 추억을 오래 간직하고 싶다. 그래서 노래를 들으며 길을 걷는다. 그 순간을 머리와 마음속 깊이 새기기 위해서 말이다.

예전의 나였다면 힘든 일상을 그저 버티기만 했을 것이다. 그러다 지쳐 모든 일을 그만둬 버렸을지도 모른다. 지금은 여행을 통해 나 자신을 알아가고 있다. 무엇을 좋아하고 무엇이 나를 행복하게 만드는지 조금씩 발견해가고 있다. 삶이 힘들어질 때 노래를 들으며 여행의 기억을 떠올린다. 그 추억은 오늘의 힘이 되어 더 행복한 내일을 꿈꾸게 해준다. 지금도 여행을 떠날 때면 노래 한 곡을 정해 듣고 있다. 노래는 시간과 공간에 구애받지 않는다. 언제 어디서든 흐려진 기억을 선명하게 꺼내볼 수 있다. 나에겐 여행을 준비할 때 빼놓을 수 없는 준비물이다.

3-9
여운을 느껴보다

(이지은)

여행 가기 전 어디를 갈지, 무엇을 먹을지 검색을 해본다. 특히 어떤 것을 사서 올지는 꼭 찾아본다. 그 지역에서 유명한 것. 술, 간식거리, 차, 공예품 등 다양하다. 내가 수집하는 엽서도 포함된다. 시간을 들여 찾아보고, 그것들로 가득한 가방을 끌고 매고 한국으로 돌아올 만큼 기념품 사는 것은 여행 중 필수 코스다. 발품 팔아 살 때는 힘든 날, 우울한 날 보면서 여행지를 추억해야지 하는 마음이 크다. 집에 돌아와 짐 정리를 하면 기념품은 어느 순간 박스에 넣어진 채로 서랍에 치워지고 만다. 사진도 그렇다. 랜드마크에서 인생 샷을 남기기 위해 여러 포즈와 여러 각도로 사진을 수십 장 찍는다. 동영상으로도 담아본다. 그날의 분위기와 느낌을 간직하기 위해. 그렇게 찍은 사진은 프로필 사진 등록을 하고 SNS에 포스팅하고 나면 다시 들여다보지 않는다. 애써서 기념품과 사진을 다시 꺼내 보지 않으면 지난 여행에 대해 회상해 볼 기회는 그리 많지 않다. 일상으로 돌아와 정신없이 지내다 보면 어느새 여행 갔다 온 기억은 어렴풋해진다.

6년 전 2주 동안 유럽 여행한 적이 있다. 사이더(사과주) 만드는 일을 해서 술에 대한 관심이 많았다. 여행 코스를 짤 때 사이더가 유명한 영국과 프랑스. 덤으로 맥주가 유명한 독일과 벨기에까지 일정에 넣었다. 일에 찌들어 있던 시기에 긴 휴가라 꿈만 같았다. 경유 포함 16시간의 비행이라 피곤했다. 첫날 영국 도착 후 짐을 풀고 공원에서 산책하니 피로가 풀리는 느낌이었다. 대학생 때 한번 와 본 런던이라 유명 관광지보다는 공원 산책과 펍 투어를 선택했다. 길을 걷다 영국 풍경을 담은 엽서가 있길래 샀다. 근처 공원에서 편지를 썼다. 여행 끝나고 한국에 가 있을 나에게, 애정하는 친구에게. 발품을 팔아 엽서를 사서 붙인 후 우체통에 넣었다. '무사히 한국에 도착하게 해 주세요'라고 기도도 했다. 각 나라에서 산 엽서에 여행 중 좋았던 곳, 느꼈던 것을 틈틈이 적어 우체통에 넣어 한국으로 보냈다. 14일은 길고도 짧았다. 14번 눈을 감았다 뜨니 한국에 와있었다. 밀린 일에 치여 바쁜 하루를 보냈다. 그러다 한 달이 지났을까. 우편함에 엽서가 꽂혀있었다. 여행 중 썼던 엽서 중 하나다. 참 반가웠다. 일 끝나고 터덜터덜 집에 오는 길이었는데 보자마자 소리 지를 만큼 기분 좋았다. 손바닥만 한 엽서에 짧은 글이었지만 여행의 기억이 떠올랐다. 엽서 받은 날 저녁에 밥을 먹으며 여행지서 찍었던 사진을 보며 회상했다. 이런 걸 먹었지, 참 맛있었는데. 좁을 골목 사이에서 발견한 이쁜 귀고리도 샀었지. 너무 많이 걸어 공원에 앉아 있었는데 지나가던 영국 고등학생이 초콜릿을 건네주었지. 퇴근 후 선물 받은 느낌이었다. 친구에게 쓴 엽서도 무사히 도착했다. 엽서를 받은 친구가 전화 왔다. 멀리서 편지 써줘서 고맙다고 했다. 여행하면서 생각나는 친구 중 한 명이 되면 나도 기분이 좋을 듯했다. 여행이야기를 한참 하다 보니 여행 온 듯했다.

　사진 찍는 것을 좋아한다. 사진을 느낌 있게 찍어준다는 아이폰, 가볍지만 성능 좋은 디지털카메라를 소장하고 있다. 폰이나 디지털카메라는 결과물을 바로 확인할 수 있어서 좋다. 원하는 것을 얻을 때까지 여러 장 찍고 나머지는 없앨 수 있다. 그러다 보니 한 장 한 장 애정을 들여 찍기보다 최대한 많이 찍고 그중에 제일 잘 나온 것을 골라낸다. 필름 카메라도 가지고 있다. 나의 첫 필름 카메라는 동묘 시장에서 만 원 주고 산 소니 하프카메라다. 작동하면 좋겠다는 마음에 사자마자 필름을 넣고 찍었다. 친구들 만날 때 들고 나가 틈틈이 찍었다. 필름 한 롤에 72장 찍을 수 있었다. 72장으로 한정되어 있어 공들여 찍었다. 6개월 정도 찍은 사진을 현상했다. 전부는 아니지만 성공한 사진이 많아 뿌듯했다. 애정 담아 찍은 사진이었기에 사진 찍었던 날이 선명하게 떠올랐다. 마음에 간직하고 싶은 순간을 길게 남기기 위해 여행할 때 필름 카메라를 꼭 챙긴다. 첫 직장에서 퇴사한 후 친구와 스페인에 간 적이 있다. 친구와 나는 필름 카메라와 필름 4통을 챙겼다. 바르셀로나, 마드리드, 세비야, 그라나다, 론다를 여행하면서 사진을 남겼다. 입을 쫙 벌리고 웃을 때, 더위와 식곤증에 하품할 때, 이쁘게 화장한 모습에 멋진 포즈를 취할 때. 기억하고 싶은 순간을 필름 카메라에 담았다. 웅장한 가우디 건축물, 스페인의 산토리니 프리힐리아나, 귀여운 스머프 마을, 걷다가 우연히 보게 된 이쁜 것들. 빠짐없이 사진으로 남겼다. 친구와 스페인 여행이 끝나고 며칠 동안 짐 정리를 하고 피로를 풀었다. 여행 한 달쯤 지났나 아직 현상하지 않은 필름을 모아둔 것이 눈에 띄었다. 사진관에 가 현상하고 스캔했다. 보자마자 여행했던 장면들이 기억났다. 사진을 친구에게 보냈다. 전화가 왔다. 깔깔 웃기도 했고 타파스 다시 먹고 싶다고 하기도 했다. 사진을 보고 친구도 현상한 사진을 나에게 보내왔다. 친구가 찍은 사진을 보며 이야기를 했다. 사진관에 가거나 사진관에 필름을 보내 현상하고 스캔해야 볼 수 있는 필름 사진. 수고롭지만 천천히 그 순간을 회상해 볼 수 있게 하는 필름 카메라. 매력 있다.

매일 바쁜 일상을 지내다 보면 여행 갔다 온 사실조차 잊어버릴 때가 있다. 평일엔 일에 치이고 주말에는 쉬거나 밀린 일을 하느라 시간을 쓴다. 이전에 내가 갔다 온 여행에 대해 다시 곱씹어 볼 시간이 없다. 그래서 몇 달 단 몇 주만 지나면 다녀온 나라, 지명만 어렴풋이 기억나고 다른 것은 사라진다. 여행지에서 느꼈던 감정, 눈에 담고 왔던 멋진 풍경들을 잊지 않기 위해 글을 써보기도 한다. 기록하고 추억하기 좋은 방법이지만 썼던 글을 다시 꺼내 읽기 쉽지 않다. 그래서 나는 엽서나 필름이 좋은 도구인 것 같다. 내가 의도하지 않아도 한 달쯤 있다가 엽서가 집에 도착한다. 필름도 사진이 궁금해서 여행 갔다 와서 1~2주 지나기 전에 필름을 현상하게 된다. 멀리서 온 엽서를 읽거나 필름을 현상 후 뽑은 사진을 보면 다시 기억난다. 생생히. 여행에서도 그렇지만 일상에서도 엽서나 필름 카메라처럼 지나간 시간을 다시 상기시킬 수 있는 나만의 방법이 있으면 좋을 거 같다. 현재와 미래만 생각하다 보니 너무 빨리 가버린다. 일하다 보면 일주일이 가버리고 잠시 휴식을 취하면 한 달 두 달 어느새 일 년이 훅 지났다. 자신만의 엽서나 필름 카메라를 만들어 흘러간 것들을 꽉 잡아 기록하자. 이야기할 것도 많아지고 감정도 풍부해질 것이다.

3-10

손이 많이 가

(홍순옥)

    룰루랄라 여행은 언제나 즐겁다. 떠나기 위해 물건을 챙기기 시작하는 순간부터 여행은 이미 시작된다. 챙겨가야 할 물건 목록을 하나씩 적어본다. 며칠 전부터 여행지에 관한 생각으로 들떠 지낸다. 새로운 환경, 새로운 사람들, 새로운 음식, 낯선 것들에 대한 호기심으로 두근거리기 시작한다.

    처음 가는 그곳 유럽. 드디어 이국적인 프라하 공항에 들어섰다. 12월, 그것도 저녁 무렵에 만나는 유럽은 반짝이는 거대한 크리스마스트리 같았다. 공항에서부터 거리마다 꼬마전구들이 뿜어내는 반짝이는 불빛들은 여행자의 마음을 홀리기에 충분했다. 수레마다 엽서에서 본 듯한 모양의 트리와 소품들이 가득 장식된 수공예품 상점들이 즐비하게 늘어서 있었다. 그 옆으로는 다양한 색깔로 장식된 초콜릿들이 저마다의 모양을 자랑하고 있었다. 이름조차 알 수 없는 길거리 음식들이 먹음직스럽게 한데 어우러져 있었고, 마음을 끄는 고풍스러운 소품들은 나의 구매 욕구를 부추기며 유혹하고 있었다. 광장에 서서 소시지 안주에 맥주 한잔하고 싶은 마음을 뒤로하고 호텔로 향했다.

호텔 방에 들어가면 가장 먼저 하는 일은 콘센트를 찾아 핸드폰을 충전하는 일이다. 남편과 여행을 다니면 핸드폰을 충전하거나, 워치를 충전하거나, 보조 배터리를 충전하는 일은 모두 남편이 한다. 집에서 짐을 싸거나 가방을 정리하는 것도 모두 남편 몫이다. 속옷, 겉옷, 양말, 의약품, 세면도구, 휴대폰 액세서리까지 따로따로 챙긴다. 필요한 것들을 가방에 차곡차곡 정리하는 모습을 보면 저런 거 가르쳐주는 학원이 있나 싶다. 다시 체크아웃할 때도 이곳저곳을 살피며 꽂아 두었던 멀티탭을 정리해 가방에 넣는다. 아마도 나는 이런 것들에 익숙해져 있었던 것 같다.

여행 셋째 날, 새로운 호텔에 도착해 짐을 풀었다. 그리고 버릇처럼 휴대전화를 충전하려고 충전기를 꺼내려는데 보이지 않았다. "어? 내 휴대전화 충전기 어디 있지?" 함께 방을 쓰는 친구에게 물어봐도 모른다고 했다. 바닥에 짐을 다 꺼내놓고 가방을 다 뒤졌다. 역시나 보이지 않았다. 아침에 호텔에서 짐 챙길 때 분명히 잘 챙겨 온 거 같은데 없었다. '어디로 갔지? 어제 머물던 호텔에 두고 왔나?' 충전기가 발이 달리지 않은 이상 내가 챙기지 못한 게 확실했다. '아 어쩌지?' 이미 그 나라를 떠나 다른 나라에서 체크인한 상황이라 다시 돌아갈 수 없었다. 어이없고 속상했다. 그런 내 모습을 지켜보던 친구가 "여하튼 손이 많이 가"라며 툭 말을 내뱉었다. 그리고는 자기가 하나 더 챙겨 온 것이 있다고 여분의 충전기를 내줬다. 건네준 충전기의 고마움보다 '손이 많이 간다'는 말에 얼굴이 화끈거리며 뒤통수가 따가웠다. 마치 내 물건도 제대로 챙기지 못하는 칠칠치 못한 사람으로 전락한 것 같았다. 그때부터 여행 내내 호텔 방을 나설 때마다 친구가 챙겨줘야 했다. 짐을 풀 때도, 짐을 챙길 때도 긴장되었다. 시작은 사소한 충전기 하나였다. 하지만 그 후로도 혹여 또 다른 민폐를 끼칠까 싶어 온 신경을 쓰고 다녀야 했다. 여행의 재미가 떨어지기 시작했다. 그게 뭐라고 그렇게 기분이 가라앉았던 걸까?

나는 회사에서 중간관리자로 일한다. 위로 모셔야 할 분은 한 분이지만, 아래로는 직원들이 여럿 있어 대부분의 업무를 챙기고 관리하는 것이 내 중요한 역할이다. 전체 기획부터 사소한 것까지 체크하고 확인하는 일이 내 일상이다. 그렇게 중간관리자로 일하는 것이 익숙해져 있었고 나는 그 일이 좋았다. 그래서 더 열심히 일했다. 일 잘한다는 칭찬을 들으면 마음이 놓였다. 그것이 나의 만족감으로 돌아왔다.

어릴 때도 위로 오빠가 있었지만, 밑으로 세 명의 여동생을 둔 터라 챙겨야 할 일이 많았다. 고등학생 때 경제적으로 집이 어려워 엄마가 다른 도시로 일을 찾아 떠났었다. 엄마의 빈자리로 고등학생이던 나는 아침밥에 오빠와 동생들의 도시락과 내 도시락을 싸서 학교에 다녔다. 어느 날은 돌아가신 할머니 기제사가 있어 제사상을 차리기도 했다. 그렇게 하는 것이 엄마를 도와주는 일이었고 당연히 해야 하는 일이라고 생각했다.

여행이 끝난 그 이후에도 '손이 많이 간다'라는 말은 계속 나를 따라다니며 괴롭혔다. 주변 사람들에게 "이제부터 '손'이라는 말은 내 앞에서 금지야!"라고 말하기도 했다. 누구나 실수는 할 수 있다. 그것을 모를 나이도 아니다. 그보다 더 큰 실수해도 가볍게 넘기는 사람들이 대부분이다. 그런데 나는 왜 그 말에 끌려다녔던 걸까?

가이드 말에 따르면 호텔 방에 충전기를 두고 오는 일은 아주 흔한 일이라고 한다. 예전에도 그랬고 요즘도 그렇다고 한다. 별의별 물건을 다 두고 온다고 한다. 다시 생각해 봐도 별일 아닌 걸로 나를 괴롭혔던 것 같다. 완벽하지도 않으면서 완벽해지려고 했다.

홍콩 여행 갔을 때였다. 출국을 위해 기사님께 고맙다는 인사를 하고 버스가 떠난 후에야 겉옷을 두고 내린 걸 알았다. 마음에 드는 귀걸이를 사서 지갑을 챙기다가 면세점 데스크에 그대로 두고 온 적도 있다. 맞다. 나는 손이 많이 가는 사람이다. 자신의 부족함을 인정하는 게 왜 그리 어려운지 모르겠다. 누구나 손이 가는 부분이 한두 개씩 있다. 그 여행 당시 나는 자신의 부족한 부분을 인정하고 받아들이는 것이 서툴렀다. 그것을 들키지 않으려 자신을 괴롭혔다. 다행히 지금은 그 모든 것이 좋은 추억으로 남았다. 인정하고 나니 마음이 편안해진 것이다.

나는 이제 사람들에게 말한다. "나 손 가는 사람이야."

뭔가를 잊어버리기도 하고 뭔가를 다시 찾기도 하는 것 그게 여행이고 인생이다.

지금도 나는 여행을 한다. 그리고 비어 있는 내 부분을 솔직히 보여준다. 완벽하지 않아서 더 자유롭고 가벼워진 내가 된 것 같다. 이제는 물건을 잘 챙기기보다 마음을 더 잘 챙겨야 한다는 것을 안다. 아마도 많은 사람이 의식적이든 무의식적이든 마음을 찾기 위해 여행을 하는 것이 아닐까 싶다.

나는 내 마음을 찾기 위해 여행을 계속할 것이다.

그리고 가방에 휴대폰 충전기 2~3개를 넣어 가지고 간다. 혹시 예전의 나처럼 잊어버린 사람이 있다면 빌려주기 위해서다. 그리고 또다시 잊어버릴지도 모르는 나를 위해서다.

가방을 챙길 때마다 한쪽에 있는 휴대폰 충전기는 나를 그 옛날 프라하로 훌쩍대려다 준다. 이번에도 나는 없어서는 안 될 휴대폰 충전기와 함께 여행한다.

4장

내 인생
최고의
여행지

4-1
처음 남편과 함께한 크루즈

(권경희)

버킷리스트를 작성해 두었기 때문에 떠날 수 있었다. 기회가 왔다. 미루지 않았다. 언젠가는 다음에 갈 거야 했다면 지금도 다녀오지 못했을 거다. 바쁜 일을 뒤로하고 가장 해보고 싶은 여행은 어떤 여행이냐고 친구가 내게 물었다. 버킷리스트의 카테고리 중 여행 편에서 첫 번째로 적어두었던 크루즈라고 대답했다. 시간이 되면 갈 거라며 미루고 있다고 했었다. 왜냐하면 나이가 들어서 가는 것이다. 시간이 아주 많아야 한다. 비용이 많이 든다. 이렇게 생각하고 있었기 때문이다. 여행을 다녀오고 알았다. 크루즈에 대한 선입견이 깨졌다. 비용은 육로로 하는 여행과 비슷했다. 짧은 2박 3일, 3박 4일 일정도 있다. 수영장에는 10대들이 가장 많이 있었다. 내가 알고 있는 것이 다가 아니었다.

'크루즈로 세계 여행하자.' 내 인스타그램 프로필 문구다. 지금도 어딘가 여행 가자는 말이 나오면 난 언제나 즐거웠던 선상의 이야기를 해 주면서 홍보대사가 된다.

첫 크루즈를 남편과 함께할 수 있었던 건 서로 바쁜 스케줄을 조정했기 때문이었다. 이렇게 시작한 크루즈 여행은 50살부터 마니아가 되면서 일 년에 한 번은 떠났다.

첫 크루즈는 스페인 바르셀로나 항구에서 출항했다. 이탈리아 서부 프랑스를 돌아 출발한 곳으로 다시 돌아오는 7박 8일 지중해 일정이다. 2016년 6월 크루즈를 타기 위해 항구에 도착했다. 한낮 온도는 34도 땀이 등줄기를 타고 내렸다. 광장은 사람들로 가득했다. 승객과 여행객이 4천 명이 된다고 한다. 32인치 캐리어를 한 개 두 개씩 끌면서 줄지어 서 있었다. 바다 위 떠 있는 거대한 배를 보면서 "와 진짜 크다." 모두가 함성을 질렀다. 아파트 세 동이 바다 위에 둥둥 떠 있는 거 같았다. 예약 확인과 승선 절차를 마치고 9층 뷔페식당으로 올라갔다. 처음 보는 동서양의 음식들이 입속 침을 고이게 했다. 뭘 먼저 먹을까? 한 바퀴 도는 데 20분도 더 걸렸다. 식당과 연결된 수영장에는 10대로 보이는 외국 학생들이 비키니 수영복을 입고 일광욕을 하고 있었다. 발 디딜 틈 없었다. 모두 음악에 맞춰 춤을 추었다. 즐거워 보였다. 100개가 넘어 보이는 선베드에 사람들이 가득했다. 오일을 바르고 일광욕 중이었다. 영화에서 보았던 선상 파티가 내 눈앞에서 펼쳐지고 있었다.

여행은 우리 부부를 소녀 소년의 감성으로 돌아가게 했다. 해 질 무렵이었다. 갑판으로 나갔다. 지는 해는 팔을 쭉 내밀면 닿을 듯했다. 온 바다의 색깔이 붉은색으로 변했다. 남편과 서로 반대의 손으로 하트 모양을 만들어 그 안에 노을을 넣어봤다.

저녁을 먹으려고 식당으로 내려오는데 사람들이 하얀색 옷을 입고 어디론가 이동하고 있었다. "여보 저 사람들은 사이비 종교 단체인가" 했다. 하루가 지나 알게 되었다. 그날 밤 드레스 코드가 화이트였다는 걸 지금도 그때의 에피소드를 이야기하며 웃는다.

우리가 자는 동안 흔들림 없이 배는 항해를 했다. 아침 6시 30분 일어나 워킹 존으로 간다. 망망대해 바다 위에서 달리고 걷고 피트니스 클럽 러닝은 바다 위를 뛰어가는 듯 착각에 빠지게 했다. 바람과 짭짤하고 비릿한 바다의 냄새를 맡으며 걷는다. 탁구대가 있다. "한 게임 해 볼까." 채를 잡고 서브를 넣는다. 선상에서의 아침 운동을 마친다. 일상에서는 각자 일하느라 한가로이 아침 산책해 본 적 없었다. 여행이니 가능했다. 육지가 아닌 선상에서 해보는 첫 경험은 새로웠다. 여유로운 두 시간의 아침 식사는 여행이 남편과 나에게 준 가장 큰 선물이었다.

일상생활에서 남편과 해보고 싶었던 것들을 크루즈에서 해봤다. 하루가 이렇게 시작되었다. 클래스 참여한다. 댄스 시간이다. 오른발 왼발이 꼬여서 비틀거리며 따라 한다. 서로 마주 보며 틀린 모습에 손짓하며 깔깔 웃는다. 뭐 상관인가? 음악은 우리의 흥을 최대로 올린다. 요가 클래스 시간 매트 깔고 유연하지 않은 몸이다. 남편과 마주 보며 그냥 따라 한다. 5초 10초 유지한다. 후유 하며 등줄기에 땀이 축축하다. 흐트러진 머리카락을 방울 끈으로 묶는다. 우리는 손 꼭 잡고 중앙라운지로 내려온다. 24시간 연주와 노래가 있다. 칵테일 또는 커피 한 잔 시켜놓고 그냥 듣는다. 아이들도 없고 둘만 있으니 결혼 전 연애하는 기분이다. 낯선 여행객들과 눈이 마주친다. 입꼬리가 올라가고 눈을 찡긋한다. 마주하는 환한 미소에 따뜻함이 있다. 햇살이 내리쬐는 식당 창가에 노부부가 차 한 잔과 과일 접시를 앞에 두고 두꺼운 돋보기를 끼고 책을 읽고 있다. 신선한 충격이었다. 그때만 해도 난 여행하면 부지런히 보고 여러 곳 다녀야 하는 줄 알고 있었다. 그렇게 여행을 다녔다. 이게 여행이구나. 다음 날 우린 책 한 권 들고 선상 침대에 누워 핸드폰에 블루투스 연결해서 음악 들으며 일상에서 해보지 못했고 느끼지 못했던 하루를 보냈다. 내 여행의 문화도 그 이후 바뀌었다. 어디든 집을 떠나게 되면 먼저 책을 챙긴다.

저녁 정찬이 끝나고 나면 공연을 본다. 매일 밤 화려한 무대에 눈과 귀가 즐겁다. 일상에서는 바쁘다며 다음에 보자며 미룰 때가 많았다. 배라는 작은 나라에서 처음 함께해 보는 것들이 많다. 항구에 정박하면 잠시 내려 인근 도시를 둘러보며 육지에서 쉬었다가 배에 오른다. 크루즈는 기항지를 여행하기 위해서가 아니라. 크루즈 안에서 그곳의 문화를 배우고 즐기는 것이다. 그 시간들을 즐기며 우리는 쉼을 했다. 남편과 100일 이상 크루즈를 타고 대륙을 넘나들며 느긋한 여행을 계획하고 있다.

크루즈 좋은 것 중 하나는 승하선의 장소가 다를 때가 있다. 그럴 땐 출발하는 도시나 도착하는 곳에 더 머무르며 여행한다. 바르셀로나였다. TV에서는 꽃보다 할배 유럽여행 편이 방영되고 있을 때였다. 가우디 건축물인 구엘 공원에 갔다. 물이 모이는 수로 역할을 했다는 세상에서 가장 긴 의자에 남편과 잠시 누워도 보고 앉아 쉬면서 더운 그것도 잊고 동화 나라에 온 듯 작품들 앞에서 셀카봉으로 사진찍기 놀이했다. 이틀째 이른 아침 조식 전에 남편과 호텔을 나왔다. 손 잡고 팔을 아래위로 흔들며 거리를 산책했다. 사진 찍어준다며 나를 불러 세운다. 어느 한 곳 놓칠 수 없다는 눈빛이다.

6개월 만나고 결혼했다. 많은 여행의 추억은 없다. 아이들 낳고 10년째부터 맞벌이했다. 둘만의 여유로운 여행은 못 했다.

람블라스 거리 카페에서 아이스크림과 홍차 한 잔을 즐긴다. 이런 것도 우리 둘의 커다란 즐거움이다. 사그라다 파밀리아 성당을 보면서. 거대함과 오랜 시간 불멸의 것들 이런 것들에 대해 생각했다. 성당이 완공되면 다시 꼭 오자고 서로 약속했다.

버킷리스트로 적어놓고 미루었다면, 10년이 지난 지금도 선입견 때문에 다음에 가겠다고 하고 있었을 거다. 남편에게 물어봤다. 함께 여행한 곳 중에 어디가 제일 좋았어? 처음 갔던 지중해 크루즈라고 말한다. 이 여행은 우리 부부가 바다를 항해하며 아름다운 풍경과 처음해 보는 경험들 평생 간직할 특별한 선물을 주었다. 일하는 틈틈이 여유시간을 만들어 짐을 꾸리고 또 떠날 준비를 한다. 그날을 위해 오늘 내 일에 최선을 다한다.

내 인생 최고의
이탈리아 여행

(권세라)

　단연코 내 인생 최고의 여행지는 이탈리아라고 할 수 있다. 파리에서 이탈리아로 향하는 기차를 설레는 마음을 싣고 밀라노에 도착했다. 게스트하우스에서 짐을 풀었을 때 친한 회사 동생이 학교 후배가 밀라노에서 지내고 있다고 했다. 나에게 번호를 넘겨주었는데 하루만 묵고 갈 생각이라 그냥 번호만 저장해 놓고 연락은 하지 않았다. 그때 마침 게스트하우스에 같은 방을 쓰는 분이 들어오셨다. 잠시 인사를 나눈 뒤 화장실에서 저장했던 번호의 프로필사진을 무심코 보고 있었는데 이게 웬일인가. 나한테 번호를 준 동생 지인이 금방 인사한 사람과 동일 인물이었다. 너무 신기했지만 그 지인은 그새 어디로 사라지고 없었다. 나도 일정이 있어서 게스트하우스에서 나와서 동생에게 애기했더니 너무 신기하다며 한참을 애기했다.

　해가 저물어 가는 밀라노 저녁 큰 계획은 없었다. 발길이 닿는 대로 밀라노를 거닐었다. 아 여기가 스포르체스코 성이구나, 아 여기가 두오모 성당이구나 하며 시원한 밀라노 저녁을 만끽하였다. 목적지 없이 정처 없이 걸었다. 구글 지도를 보면서 발견한 성을 비추던 불빛, 자전거를 타고 돌아다니던 사람들까지 기억이 생생하다. 배가 고파서 스폰티니라는 매장에 들어가 피자를 한 조각을 시켰다. 처음 보는 큼지막한 피자는 생각보다 배불렀고 맛있었다. 항상 8조각으로 나뉘어 있던 피자만 보다가 피자 한 조각만 먹어도 배부른 피자는 처음이었다. 두툼한 치즈며 위에 토핑이 많이 올라가지도 않았는데 너무 맛있게 먹었던 기억이 난다.

후식으로는 그토록 고대했던 이탈리아 젤라토를 먹기로 했다. 길을 걷다 끌리는 매장에 들어가 끌리는 맛으로 몇 가지 골라 먹었다. 선택은 대만족이었다. 그렇게 걷고 걷다 보니 벌써 하늘이 어둑해지고 있었다. 그런데 밀라노의 위치를 열심히 알려주고 있던 전화기 배터리가 점점 수명이 다하고 있는걸 발견했다. 큰일 났다. 이대로는 숙소로 돌아가지 못한다. 길을 걷다 보니 다행히 근처에 보조 배터리 팔 법한 곳에서 완충되지 않은 보조 배터리 충전기를 구매할 수 있었다. 하마터면 이탈리아 미아가 될 뻔했다. 다행히 게스트하우스로 무사히 돌아갈 수 있었다. 배터리만 충분히 있었어도 더 돌아다닐 수 있었을 텐데 다음날 여정을 위해 얼른 집에 들어가라는 계시인 것 같았다.

다음 날은 베니스로 가는 일정이다. 이탈리아는 각 도시를 기차로 쉽게 이동할 수 있다. 기차를 타고 내가 예약한 게스트하우스에 무사히 도착했다. 베니스에서는 알록달록 예쁜 수상가옥이 있는 부라노섬을 큰 목적지로 정했다. 마침 예약한 게스트하우스에서 만난 일행과 함께 여행을 다녔다. 예쁜 사진도 덕분에 많이 건졌다. 베니스에서도 놓칠 수 없는 젤라토 그리고 내가 사랑하는 소품샵에 들러 목도리도 사고 자석도 구매했다. 여행을 마치고 숙소에 돌아와서는 게스트하우스 사람들과 함께 한잔하며 얘기를 나누었다. 서로 처음 만난 사람들이라 오히려 거리낌 없이 더 편하게 얘기할 수 있었다. 이게 바로 여행의 묘미 아니겠는가? 베니스에서는 날씨가 화창하지 않았다. 비가 올 듯 말듯 어두침침해서 사진이 이쁘게 나오지 않아 조금 아쉬웠다. 베니스에서의 추억을 뒤로 한 채 다음 목적지는 피렌체로 향했다.

세 번째 날. 피렌체에서는 가죽 시장과 미켈란젤로 언덕 그리고 티본스테이크를 큰 틀로 잡았다.

아침에 미켈란젤로 언덕을 혼자 오르고 경치를 구경했다. 이날 날씨가 너무 좋아서 숨을 들이쉴 때마다 피렌체의 맑은 공기를 마실 수 있음에 너무 행복한 시간이었다.

언덕을 내려와서는 가죽 시장을 둘러보았다. 비슷한 물건을 여러 개 쌓아놓고 파는 노점상과 매장이 줄지어 있었다. 한국말을 하시며 흥정하시는 아저씨에 못 이기는 척 나도 가격흥정을 하며 지갑과 가방을 샀다. 두 손 무겁게 숙소로 돌아왔다.

저녁엔 유럽 동행카페에서 미리 약속을 잡았던 동행과 티본스테이크를 먹으러 가기 위해 발걸음을 옮겼다. 티본스테이크는 양이 너무 많아서 동행과 무조건 함께 먹어야 한다고 다녀온 친구가 얘기해주었다. 이때만 해도 동행을 구해서 같이 여행을 다니는 것이 큰 문제가 없었다. 요즘은 세상이 너무 흉흉해서 꿈도 못 꿀 것 같다.

동행과 약속한 장소에 도착했다. 상대는 남자였고 외모가 꽤 훈훈했었다. 처음 만나 어색했던 우리는 바로 스테이크와 와인을 시켰다. 곧이어 나온 티본스테이크 크기를 보고 둘 다 감탄을 금치 못했다. 함께 시킨 와인과 함께 스테이크를 썰며 무슨 얘기를 나눴는지도 잘 기억나지는 않지만 어색함과 설레는 마음이 마치 소개팅을 하는 기분도 살짝 들었다. 티본스테이크를 배불리 다 먹은 뒤 소화도 시킬 겸 미켈란젤로 언덕을 또 올라갔다. 야경도 놓칠 수 없었다. 낮에 봤던 경치와 밤에 보는 야경은 또 다른 느낌이었다. 그때 그 기분이 지금도 잊히지 않는다. 반짝이는 마을 배경으로 인생 사진도 서로 찍어주고 언덕을 내려오면서 이런저런 얘기를 하며 내려왔다. 야경이 예뻤던 베키오 다리를 걸으며 낭만을 느꼈다. 공연하시는 분들을 보며 한동안 멍하니 노래를 감상하고 있으니 그동안 앓고 있던 고민은 그 순간만큼은 생각나지 않았다. 그렇게 걷다가 매너 좋은 동생이 숙소까지 바래다주었고 운이 좋게도 게스트하우스 사장님께서 넓은 1인실로 옮겨주셨다.

이날 나는 여기저기 걷고 오르느라 하루에 3만 5천 보 넘게 걸었다. 하혈을 갑자기 해서 근처 편의점에 가서 생리대를 사야 했다. 편의점은 보이지 않아 근처 마트로 갔다. 생리대를 사려고 하는 찰나 남자 무리가 뒤에서 서성이고 있었다. 그 순간 너무 무서웠다. 다행히 아무 일도 일어나지 않았고 무사히 숙소로 돌아올 수 있었다. 너무 피곤한 나머지 숙소의 불을 다 끄고 누웠는데 빛 차단이 얼마나 잘되던지 온 방이 어두컴컴했다. 눈을 감고 피렌체 야경을 떠올리며 곧이어 잠이 들었다.

이탈리아 여행 중 제일 기억에 남는 도시는 피렌체다. 날씨가 너무 좋았고 1일 1젤라또는 살찔까 봐 걱정이 1도 들지 않는 행복+1이었다.

에스프레소도 나에게 행복+2였다. 매일매일 에스프레소를 주문하면서 같은 메뉴를 주문하진 않았다. 매일 다른 메뉴를 고르면서 새로운 시도를 했다. 혼자 여행이었지만 전혀 외롭지 않았고 가는 곳곳마다 새롭고 신기한 것투성이였다. 이탈리아 사람들은 친절했다. 심지어 길에서 행위예술하는 사람들도 입가에 웃음을 잃지 않았다. 눈만 마주쳐도 웃음 짓게 되는 그런 나라였다.

로마에서는 날씨가 좋지는 않았다. 갑자기 비가 쏟아져 맥시멈라이프답게 쇼핑백 가득 고른 화장품들을 넣어놓은 종이가방 밑동이 뜯어져 화장품들이 쏟아지는 불상사가 있었다. 다행히 주변에 사람들이 많이 없었고 그 상황이 너무 웃겨 나 혼자 멋쩍게 웃으면서 쏟긴 화장품들을 담았다.

그토록 가보고 싶었던 포지타노 투어는 실패로 끝났지만, 소중한 인연을 가져다주었다. 로마의 유명한 트레비분수에서 소원을 빌며 동전도 던져보고 콜로세움을 배경으로 사진도 찍었다.

'역시 여행도 나 혼자 스스로 겪어보고 헤쳐나가야 기억에 남는구나'라는 생각을 했다.

우리의 삶은 언제나 고난의 파도를 몰고 온다. 때로는 파도에 모든 것이 부서질 것 같기도 하고 발 디딜 땅조차 없는 듯한 진흙 속에서 허우적거리기도 한다.

하지만 역경의 진흙은 기회의 문턱과 맞닿아 있다는 것을 시간이 지나고 나서야 깨닫게 된다.

고난은 우리를 무너뜨리기 위해 오는 것이 아니라 더 큰 그릇으로 빚어지도록 시험하는 과정일지도 모른다. 역경 속에서 한 줄기 빛을 발견했을 때 우리는 비로소 삶의 파도는 우리의 한계를 시험하는 동시에 더 높은 곳으로 떠밀어 주는 기회라는 것을 느끼게 된다.

새로운 곳을 탐험한다는 것 자체가 인생의 모험이다. 매 순간 도전하면서 여행을 떠나자.

4-3

최고의 여행지는 함께하는 사람이 만든다

(김찬송)

2023년 1월 겨울 엄마, 둘째 오빠, 남동생과 함께 제주도 여행을 떠났다. 완전체는 아니지만 처음으로 가는 가족 여행이다. 평소 여행을 주변 사람들과는 종종 갔지만, 부모님은 챙기지 못해 늘 한편으로 마음에 걸렸었다. 오래 생각만 했던 것들을 처음으로 시도해 보는 날이다. 아빠는 멀리 가는 것을 좋아하지 않아서 오지 않았다. 가능한 사람들끼리만 가는 것이다.

숙소는 둘째 오빠 회사에서 지원이 되어 무상으로 이용하게 되었다. 준비한 것도 많지 않고 나의 방식대로 일단 비행기를 예매하고 모시고 떠났다. 공항에서 렌트하고 우선 숙소로 향했다. 짐을 풀고 근처 바닷가 주변에서 회와 막걸리를 마신다. 엄마는 평소에 술을 마시지 못하지만, 막걸리와 와인은 마실 수 있다고 했다. 놀러 왔기에 함께 마시기 위해 막걸리를 마셨다. 엄마가 술을 마시는 걸 그날 처음 보았다. 우리 가족들은 조용한 편이다. 노는 것도 해보지 않았고, 그저 일만 하고 교회만 다닌다. 친구도 많이 만나지 않는다. 그런 가족들이지만 즐거

위하는 것 같았다.

이번 여행은 나의 여행보다는 엄마가 더 많이 보고 즐기기를 바랐다. 5남매를 키우시면서 어쩔 수 없이 여행도 노는 것도 친구도 많은 것을 포기하고 살았을 엄마가 앞으로는 좀 더 즐겁게 사셨으면 좋겠다는 생각으로 음식도 장소도 모든 것을 엄마 위주로 하기로 하였다. 저녁을 먹고 엄마와 마사지도 받았다. 날씨가 아주 추웠다. 우리는 따뜻한 숙소에서 푹 자고 일어나 점심 먹으러 갔다. 갈치조림을 먹으러 갔다. 지나는 풍경들이 너무나도 예뻤다. 창밖을 보며 미소 짓는 엄마를 보니 덩달아 웃음이 났다. 밥을 먹고 바다를 걷고 트럭에 파는 귤도 사고 작은 상점에 들어가 아기자기한 물건들도 구매했다. 정해져 있는 것들이 없으니 우리는 즉흥적으로 원하는 걸 했다. 사람이 그리 많지 않아서 기다리지 않고 먹고 즐겼다. 아쿠아리움도 가고 감귤밭을 구경하기도 했다. 성산 일출봉도 가 보고 해녀의 집을 가서 신선한 해산물을 즐기기도 했다. 저녁은 제주도 흑돼지 오겹살도 먹고 오락실을 가서 게임도 했다. 힐링 그 자체였다.

그리고 최근 2024년 9월 엄마와 둘째 오빠, 그리고 남자 친구와 함께 홍콩 크루즈 여행을 했다. 작년 겨울 제주도에 이어 엄마와 두 번째 여행이었다. 해외는 처음으로 함께 떠나보았다. 엄마는 크루즈 여행이 처음이셨다. 부산에서 출발하는 코스타 선사의 세라나호라는 4성급 배로 처음으로 직접 예약하지 않고 여행사를 통해서 예약하였다. 처음 계획은 엄마 아빠를 모시고 남자 친구와 함께 가는 것이었다. 아빠의 대신 막냇동생이 가려다가 둘째 오빠로 최종 결정이 됐다.

처음 계획대로는 아니지만 어떤 결과든 함께 떠난다는 것이 좋았다. 부산에서 출발해서 삼일을 항해하고 홍콩으로 도착하는 여행이라 크루즈를 즐기고 홍콩까지 구경하기에는 충분한 시간이라 생각이 들어 예약했다.

우리는 각자 지역에서 대중교통을 이용해 부산에서 만나기로 하였다. 그날은 비가 억수같이 내렸다. 비가 우산 쓰고 있었지만, 옷이 다 젖을 정도로 비가 강하게 쏟아졌다. 더위보다 차라리 비가 와서 시원해서 다행이라는 생각을 애써 해보았다.

크루즈 터미널 일층 카페에서 남자 친구를 처음으로 본 엄마와 오빠에게 소개해 주며 차를 마셨다. 저녁에 출발하는 크루즈였기에 시간은 넉넉했다. 그래도 늦는 것보다는 미리 가서 상황을 보고 준비하는 것이 좋겠다는 생각에 이층 접수하는 곳으로 갔다. 사람들이 이미 많이 있었다.

편의점 가서 과자와 음료를 사 먹으며 기다렸다. 들어갈 준비가 되었는지 이름표와 승선권을 받아 들고 안으로 들어갔다. 승선 후 안전 교육을 받고 바로 밥을 먹으러 간다. 정찬은 없는 듯하고 뷔페식 음식을 먹었다. 다른 크루즈에서 먹는 방법과 먹는 시간까지도 달라서 의아했지만, 그렇다 할 뿐 맛있게 음식은 먹었고 앞으로 지낼 이야기하며 즐거운 시간을 보냈다. 이후 배 구경을 하고 공연장에 가서 공연을 즐기며 맥주를 함께 마셨다. 엄마는 제주도 이후 가족들을 만나면 한두 잔씩 술을 드시기도 했다. 복분자주를 좋아하지만 크루즈에는 없었다. 그렇게 배 안에서 할 수 있는 것들을 미리 안내해 준 이후 첫날은 마무리가 된다.

둘째 날 일찍 일어나 밥을 먹었다. 한국에서 출발하는 크루즈라 그런지 대만 사람 소수와 대부분은 한국 사람들이었다. 그래서 다니면서 큰 어려움 없었다. 둘째 오빠와 남자 친구는 탁구에 빠져 하루에 반은 탁구만 친듯하다. 내기까지 하며 동갑인 두 사람은 잘 지냈다. 나와 엄마는 춤추는 곳에 가서 춤을 추었다. 그리고, 엄마는 방에 들어가 낮잠 자고 사우나도 다녀오셨다고 한다. 바다를 보며 책도 읽었다. 나도 엄마 옆에서 책을 읽다 글을 쓰며 시간을 보냈다.

둘째 오빠는 어디 갔는지 보이지 않는다. 나중에 와서 하는 말이 여기저기 돌아다니며 배를 다 파악했다고 한다. 금방 적응하고 잘 지내는 거 같았다. 그러다 보니 또 식사 시간이다. 음식은 한국인들이 많아 거의 한국식이었다. 크루즈 다녀온 사람들이 크루즈에 오면 빵과 과일을 많이 먹는다고 했다. 한국과 뭐가 다른지 모르지만 크루즈에서 먹는 빵과 커피는 정말 맛있었다. 엄마와 오빠는 과일을 엄청나게 먹었고 그중 멜론을 아주 많이 먹었다. 크루즈의 장점은 무한정으로 음식을 먹어도 무료라는 것이다. 이미 배 가격에 청구되어 있기에 유료 식당과 주류 이외에는 괜찮다. 여기저기 돌아다니며 먹고 즐기고 공연 보고 춤추고 저녁 늦은 시간이 되니 무비 타임이 있었다. 뷔페에서 다양한 음식과 라면을 즐기고, 다음 날에는 피자를 먹으며 영화를 보았다. 그렇게 두 번째와 세 번째 밤을 모두 함께 보내며 마지막 시간을 즐겼다.

홍콩에 도착했다. 아쉽게도 비가 왔다. 배 안에서 바라보는 비는 너무 낭만적이었지만, 내려서까지 비가 오니 꼭 그렇지만은 않았다. 짐을 맡길 장소를 찾아 우선 짐을 맡겼다. 본격적인 홍콩 여행을 했다. 요즘엔 인터넷 검색만 해도 근처 맛집, 가볼 만한 장소를 금방 찾을 수 있어 편리했다. 스타의 거리를 지나 시내 음식점에 들어갔다. 골고루 음식을 시켜 먹었다. 우리는 길거리 음식, 딤섬 등 많은 음식을 먹었다. 홍콩 소호 지역의 긴 에스컬레이터와 같은 명소들을 방문하며 즐겼다.

둘째 오빠는 일정 때문에 엄마와 함께 일찍 비행기를 타고 갔다. 나와 남자 친구는 새벽 비행기여서 더 즐기다 갈 수 있었다. 페리를 타고 홍콩 야경을 보고 그 순간이 정말 멋졌는데 야경을 못 보고 간 두 명은 아쉬워했다. 다음에는 홍콩으로 바로 와서 볼 수 있도록 해 줘야겠다고 생각했다. 이로써 우리의 여행은 잘 마무리되었다.

엄마도 오빠도 우리 커플에게 좋은 여행을 만들어 주어 고맙다는 인사를 했다. 나도 남자 친구도 즐거운 여행도 행복했었다. 특히 나에게는 정말 가족 또 좋은 사람과 함께하면서 좋은 추억을 만들 수 있어 최고의 여행이었다.

중요한 건 대단한 곳을 가는 것을 떠나서 누구와 함께 가느냐에 따라 여행의 즐거움은 많이 달라지는 듯하다. 누구 하나 불평불만을 하지 않았다. 서로 좋은 여행이 되길 바라는 마음으로 매 순간 배려했다. 우리의 관계는 더 단단해졌다. 함께 행복한 시간을 나누고 추억하게 되었다.

함께하는 그곳

(박미경)

여행은 어디를 가느냐보다 누구와 함께였는지가 더 오래 마음에 남는다. 같은 리듬으로 걷고, 함께 웃으며 사소한 고민마저 나눌 수 있었던 시간. 그 순간들이 무엇보다 따뜻하고 소중하다. 나에게는 여행을 함께하는 독수리 오 형제가 있다. 다재다능한 언니. 빠름의 동생들. 함께할 때 마치 하나의 팀처럼 완벽하게 조화를 이룬다. 덕분에 여행은 언제나 에기치 못한 즐거움과 웃음으로 가득 찬다. 나는 무슨 역할이냐고? 함께 하는 이들의 귀를 즐겁게 해주는 담당이다. 다들 내가 가장 중요한 역할을 맡고 있다고 한다. 아직은 혼자 떠나는 여행보다, 함께 만들어가는 여행이 더 좋다.

10년 전 여행클럽에서 정원희 교수를 만난 건 내 인생의 중요한 전환점이 되었다. 교수님의 강의를 들으며 와인에 대해 새롭게 눈뜨기 시작했다. 우리는 강의실을 벗어나 프랑스 보르도의 와이너리(winery)로 직접 발걸음을 옮겼다. 그 여행은 단순한 관광이 아니었다. 교수님의 이야기를 곱씹으며 걷는 포도밭과 오크통 가득한 와인 저장고는, 마치 한 편의 살아 있는 수업 같았다. 와인을 맛보는 일은 그저 입으로 느끼는 경험이 아니었다. 역사와 땀 그리고 와인 병마다 각자의 이야기를 함께 마시는 일이란 걸 처음 알게 되었다. 햇살 아래에서 건배를 나누며 웃던 그 순간들이 내 안에 새로운 감각과 여유를 만들어 주었다. 그때부터였다. 나에게 '여행'은 어디론가 떠나는 일이기보다 그 속에서 마음이 자라는 일이 되었다.

이 인연은 나를 '작가'라는 이름으로 불릴 수 있게 해준, 인생 2막의 멋진 시작이었다. 고맙고 오래도록 소중한 만남이다. '여기까지 참 잘 왔다' 첫 공저가 세상에 나왔다. 정원희 작가님이 우리들 출판기념으로 제주도에 책방 투어를 가자 했다. 평소에 책과 거리가 멀던 내가, 책방 여행이라니. 그날만큼은 설렘과 기대에 마음이 들떠 있었다. 제주의 바람을 맞으며 책방 골목을 걷는 동안 나도 모르게 마음이 환해졌다. 먼저 한경면에 있는 '유람 with 북스' 책과 고양이가 있는 북카페 입구에는 여러 마리 고양이들이 주인인 양 느긋하게 누워 햇살을 만끽하고 있었다. '드르륵' '어머, 어머' 알록달록 책표지 색깔이 무지개 같다. 책방들이 원래 이렇게 예쁜 곳이었나. 나는 왠지 보석을 발견한 기분이 들었다. 30대로 보이는 젊은 청년 사장에게 커피를 주문하고 책장 쪽으로 갔다. 신간 코너를 둘러 보다가 『이제 진짜 제주로 갑서』라는 책이 눈에 들어왔다. 제주를 다 안다고 생각하는 여행자들에게 건네는 진짜 제주의 이야기라니. 순간 살짝 찔렸다. 문득 반성하며 책을 뽑아 자리로 갔다. 신발을 벗고 올라앉으며 뒤에 있는 큰 쿠션 쪽으로 몸을 한참 기댄다. 큰 창문 돌담 너머로 감귤 나무에는 노란 열매가 햇빛을 받아 윤기를 낸다. 제주의 오후는 이렇게 평온하고 시간마저 천천히 흐르는 듯했다. 책 읽는 사람들과 함께 하는 공간, 마치 여행 작가가 된 듯한 기분이 들었다. 커피잔을 손에 쥐고 조용히 페이지를 넘긴다. '나 왜 이리 멋진 거야?' 갑자기 웃음이 났다.

이번에는 차를 타고 제주시에 있는 우당 도서관으로 향했다. 도서관을 천천히 둘러보고, 잠시 머물며 책을 읽었다. 도서관에서 운영하는 지하 식당에서 5천 원짜리 북엇국 한 그릇으로 소박한 여유도 누렸다. "한전도 밥이 좋다는데?" 누군가의 말에 모두가 마주 보고 웃었다. 내일 점심은 정해졌다. 다시 조천읍에 있는 귤 다방이라는 책방을 찾아갔다. 아이들과 마치 캠핑장에 놀러 온 듯한 모닥불까지 세팅되어 있었다. 분위기 좋은 야외에서의 달콤한 커피 한잔과 오랜만에 먹어 보는 당근 쫀득이는 좀 더 여유를 갖게 했다. 다음 여행지로 떠나야 하는 조급함은 어느새 사라지고 천천히 주변을 둘러보며 마음의 안식을 찾을 수 있었다. 우리가 생각하는 딱딱한 책만 있는 곳이 아니었다. 카페이면서 귤밭 체험도 하고 제주 기념품도 있었다. 작가가 되어 떠난 여행, 그리고 좋아하는 것을 찾아가는 여정이라서 더 즐겁고 의미가 깊었다. 제주도 여행할 때 책방들을 한 번쯤 방문해 보길 바란다. 저녁으로 유명한 제주도 흑돼지고기를 맛있게 먹었다. 숙소로 돌아와 허브차를 큰 잔에 따르고 거실 테이블에 앉았다. 따뜻한 차 한 모금을 마시고는, 오늘의 순간들을 떠올리며 메모지에 몇 줄을 적었다.

'여행'과 '사람'은 공통점이 있다. 모두 '만나는 것'.

책을 쓴 작가와의 만남, 여행은 사람들의 만남. 다채로운 색깔의 설렘의 만남이 행복하다. 여행 중 만난 사람들의 도움과 친절은 때로는 우리가 여행을 계속할 수 있게 하는 원동력이 된다. 한국 사람들만 하는 특유의 질문 "몇 살이세요?" 여행 중에도 언니와 동생은 나뉜다. 동방예의지국이다. 뭘 하는지 어떤 사람인지는 별 관심 없다. 그냥 닉네임 부르며 길 위에서 여행을 즐긴다. 무장해제다. 길 위 인연들은 함께 사진도 찍고 문화도 알아본다. 그 사람들이 먹고사는 것도 체험해 보고 여행이 끝나 돌아갈 때쯤이면 정도 흠뻑 들어있다. '여행과 사람'은 떼려야 뗄 수 없는 '소중한 인연'이다. 여행을 통해 만나는 사람들은 우리 삶을 더 풍요롭게 한다. 새로운 사람들과의, 만남은 더 넓은 세상을 이해하고, 서로를 이어주는 다리가 되어준다.

엄마가 병원 계시면서 두 번째 맞는 어느 봄날이다. 침대는 창가 쪽에 놓여 있었다. 누워서 창밖을 보고 계시더니 편안하게 입가에 미소를 지으셨다. "엄마 왜 웃어요? 무슨 생각해?" "으응. 옛날 생각, 친구들이랑 여행 갔던 거." "여행 가서 좋았던 거?" 엄마는 고개만 한번 끄덕였다. 그리고 눈을 감고 이미자 노래인 듯 힘없이 흥얼거린다. 지금 엄마 머릿속엔 행복했던 여행지가 파노라마처럼 펼쳐져 있을까. 아프고 힘든데. 잠시라도 그때로 돌아가 웃음 지을 수 있게 해주는 건, 바로 여행했던 순간들인 것 같다. 여행이 우리에게 주는 특별한 힘이 아닐까. 여행을 통해 만난 사람들과 함께한 추억들은 엄마와 나에게는 가장 소중한 것 중 하나다. 그 순간들이 쌓여 우리의 이야기가 되었고, 시간이 지나도 그 기억들은 여전히 마음을 따뜻하게 감싼다. 그 순간 우리를 행복하게 만들어 준다. 내방 TV 장식장 위에는 에펠탑 앞에서 당당히 서 계신 엄마 사진이 있다. 매일 그 미소를 보며 나도 같이 미소로 답한다. 시간이 흘러도 여전히 나를 지켜주는 든든한 버팀목 같다.

자주 시간을 내서 여행을 떠나세요!

친구나 가족과 함께하는 여행은 같은 추억을 만들고 서로 깊이 이해할 기회도 준다. 여행은 일상에서의 탈출이 아니라 한 걸음 더 성장해 가는 나를 만나는 통로이며, 가득 충전된 에너지를 가지고 일상으로 돌아오는 것이다. 우리나라 K-문화, K-푸드, K-음악 들의 위상이 많이 높아졌다.

70이 되면 우리나라를 꼼꼼히 돌아볼 생각이다. 나는 여행 하는 삶을 꿈꾼다.

여행 떠나기 전에 꼭 '그곳의 책' 한 권을 사자. 내 여행의 주제, 내 여행의 목적지에 관련한 책 하나 읽기. 그럼 그 여행의 행복 가성비가 두 배가 된다. 화려한 크루즈 여행도 좋지만, 이런 소소한 여행도 행복하다. 결국 여행이란, 목적지가 아닌 그 여정 속에서 발견하는 작은 기쁨들로 가득 찬 순간이다. 그리고, 여행의 끝은 언제나 마음속에 남아, 다시 떠날 힘을 준다.

다시 또 몰타

(복기령)

'엄마, 메리 크리스마스! 몰타 한 달 살기 조심해서 다녀오세요. 유럽의 크리스마스를 행복하게 보내고 잘 지내다 오세요. 엄마가 행복한 날들을 보내고 있어 옆에서 지켜보는 내가 덩달아 행복해요. 엄마랑 친구 같은 딸이 되었으면 좋겠다고 한 말이 생각나요. 그렇게 된 것 같아 요즘 너무 즐거워요. 엄마 아빠한테 잔뜩 효도할 수 있게 노력하겠습니다. 언제나 응원해 줘서 고마워요. 엄마, 너무너무 사랑해요!'

손 편지는 정말 오랜만에 쓰는 거라며 인천공항에 배웅하러 온 딸이 몰타로 떠나기 전 나에게 조용히 핸드크림과 함께 편지를 건넸다. 비행기 안에서 읽어 보려 했으나 조용히 혼자 있을 때 읽고 싶어 몰타에 도착할 때까지 편지봉투를 열지 않았다. 몰타에 도착해 제일 먼저 읽어 보았다. 빨간 봉투 안 크리스마스카드에 써 내려간 딸의 편지 내용이 기특했다. 딸이 응원해 주어 무거웠던 마음이 한결 가벼워졌다.

갱년기로 인해 삶이 지치고 무기력했다. 새로운 곳에서 작게나마 자신을 돌아보는 삶을 살아보고 싶었다. 한 달 살기는 삶의 미니멀리즘이라 말한다. 작은 삶을 떼어내 새로운 장소로 옮겨 와 살아보는 것이다. 일 년 전부터 몰타 여행을 꿈꾸고 있었다. 물가가 저렴하고 안전해 요즘 어학연수로 많이 가는 곳이라 한다. 그래서 더욱 관심이 갔다. 인근 유럽 나라를 짧은 시간에 갈 수 있다는 것도 매력적으로 다가왔다. 오전에는 영어학원에서 공부하고 오후에는 몰타 구석구석을 여행해 보는 삶을 살아보기로 했다.

캐리어를 끌고 집을 나선 지 만 이틀 만에 몰타에 도착했다. 몰타 시각으로 저녁 6시다. 한국 시간보다 8시간 늦은 시차다. 해는 지고 깜깜했다. 바람도 많이 불었다. 몰타 스토리 어학원 원장 부부가 우리를 마중 나와 반겨 주었다. 인상이 온화하고 친절했다. 숙소에 도착해 원장님의 안내에 따라 방 배정을 받고 짐을 정리했다. 다음 날 아침 5시 30분 아침 산책하러 나갔다. 바닷바람이 시원했다. 이곳 몰타가 왠지 낯설지가 않다. 해안선을 따라 조금 걷다 보니 예쁜 카페가 나왔다. 따뜻한 카푸치노 한 잔을 시켰다. 외국인과 처음으로 짧은 인사를 했다. 아침 해가 떠오르고 있었다. 카푸치노 맛이 달콤했다. 한 달 동안 몰타 생활이 정말 기대가 되고 설레는 순간이었다. 이틀을 쉬고 영어학원에 가는 첫날이다. 아침 8시에 숙소 1층에 시니어 학생 12명이 모였다. 첫 학교에 입학하는 새내기들 같았다. 설레는 마음으로 학원에 갔다. 숙소에서 5분 정도 걸어가면 영어학원이 나왔다. 도착해 학생증도 만들었다. 각자 실력에 맞는 교재도 받았다. 여섯 명이 나와 같은 반이 되었다. 수업은 오전 8시 45분에 시작해 12시에 끝난다. 교실에 들어가 자리에 앉았다. 외국인도 앉아 있었다. 우크라이나, 러시아, 튀르키에 사람 등 다양했다. 선생님은 젊어 보였다. 이름은 맥스였다. 각자 자기소개를 하고 외국인과 짝을 이루어 말하기 수업을 했다. 듣기와 말하기가 되지 않았다. 답답했다. 선생님은 내가 잘하지 못하는데도 엄지손가락을 치켜세워 주었다. 앞으로의 수업이 걱정되었지만, 좋은 경험이 될 거라 생각하기로 했다.

영어 수업 4일 만에 학원 땡땡이를 했다. 태어나 처음으로 해 보는 거였다. 정회 언니, 인숙 언니와 함께 몰타의 고요한 도시라 불리는 임디나(Mdina)에 가기로 했다. 다른 사람이 눈치채지 못하게 각자 평소 시간에 맞춰 학원에 갔다. 조용히 학원 로비에서 만나기로 했다. 마침, 같이 등교하던 혜숙 언니가 연락이 안 돼 카톡으로 먼저 출발한다는 메시지를 남겼다. 학원 로비에서 정회 언니를 만났다. 언니와 나는 학원 로비 구석에 몸을 숨겼다. 인숙 언니를 기다려야 했다. 다른 학생이 로비를 지나갈 때마다 마음이 졸여왔다. 잠시 후 인숙 언니가 정원희 교수와 도착했다는 문자가 왔다. 로비에서 두 사람 목소리가 들렸다. 정회 언니와 나는 더 가슴을 졸였다. 구석으로 더 들어가 몸을 숨겼다. 정원희 교수가 교실에 들어가고 인숙 언니가 우리를 찾았다. 구석에 숨어 있는 우리를 발견했다. 우리는 서로 웃음이 났다.

그때 혜숙 언니한테서 카톡이 왔다. 학원에 도착했다는 문자였다. 다행히 우리를 보지 못하고 교실에 들어간 모양이다. 답을 보내기가 망설여졌다. 뭐라 해야 하나 고민하던 찰나에 보이스톡 전화벨이 울렸다. 받지 않았다. 간이 콩알만 해지는 것 같았다. 너무 긴장한 탓인지 화장실에 가고 싶었다. 구석에서 나와 화장실에 가려던 순간 혜숙 언니와 딱 마주쳤다. 나를 찾아 4층에서 1층까지 내려온 것이다. 순간 깜짝 놀라 구석으로 다시 몸을 숨겼다.

"교실에 안 올라가고 여기서 뭐해?" 하는 소리에 깜짝 놀라 웃음이 났다. 우리는 생애 처음 해 보는 땡땡이라고 말했다. 언니는 이해해 주었다. 그렇게 우리는 혜숙 언니를 보내고 조심스럽게 학원을 빠져나왔다. 맥도날드에서 커피 한 잔을 마셨다. 몰타의 수도 발레타(Valletta)로 가서 다시 임디나(Mdina)로 가는 버스로 갈아타기로 했다. 오전 9시 10분경 이곳 슬리에마(Sliema)에서 13번 버스를 탔다. 날씨가 정말 화창했다. 발레타 트리톤 분수가 있는 곳에서 사람이 많이 내렸다. 우리도 내려 트리톤 분수 앞에서 사진을 찍고 임디나로 가는 환승 버스를 탔다. 임디나는 몰타의 옛 수도로 성벽에 둘러싸여 있고 언덕 위에 자리하고 있다. 말똥 냄새가 먼저 우리를 반겼다. 성안에서 마차들이 왔다 갔다 했다. 성벽 안에 자리한 아름다운 성당이 눈에 들어왔다. 도시 풍경이 매우 고혹적이다. 굽이진 골목마다 벽을 타고 활짝 핀 꽃들이 어우러져 한 폭의 그림 같았다. 중세의 등불과 화려한 색깔의 문들을 보며 좁은 골목길을 걸었다. 예쁜 카페가 있어 들어갔다. 하늘이 보이는 테라스도 멋지게 꾸며져 있었다. 햇살이 마당에 내려앉아 더욱 빛났다. 실내에서도 예쁜 테라스와 하늘이 보였다. 이곳이 정말 마음에 들었다. 밖에 나와 눈으로 보고 느끼고 외국인에게 음식 주문도 해 보는 것이야말로 진정한 공부라며 서로 위안했다. 우리는 피자, 파스타, 음료를 시켰다. 점심을 먹으며 담소를 나누었다. 치매인 시어머니와의 시집살이 얘기와 동생을 먼저 보낸 아픈 상처를 겪은 정회 언니, 인숙 언니의 원인을 알 수 없는 우울한 감정 등 살아온 인생 얘기에 눈물이 났다. 언니들 마음을 더 가까이 느끼게 된 소중한 시간이었다.

2024년 마지막 날 우리 셋이 또 뭉쳤다. 고조(Gozo)섬에 가기로 했다. 아침 10시 15분 출발해 저녁 6시 도착이다. 페리를 타고 2시간을 달려 고조섬에 도착했다. 우리는 볼트(Bolt) 택시를 타고 솔트판(Salt-pans)에 갔다. 강한 햇빛을 받아 바닷물이 증발해 만들어진 소금, 바람과 파도에 의해 만들어진 자연의 위대함이 느껴졌다. 사진을 찍고 기념품인 소금을 샀다. 배로 돌아와 코미노(Comino)섬으로 갔다. 다시 블루 라군(Blue Lagoon)으로 가는 수상 보트를 탔다. 지중해 바다를 가르며 신나게 달리기 시작했다. 모자가 날아갈 것 같아 손에 꼭 쥐었다. 보트가 옆으로 기울어질 땐 바다에 빠질까, 무섭기도 했다. 우리 셋은 빠르게 달리는 보트 안에서 소리를 지르며 함박웃음을 지었다. 어느새 햇빛을 받아 푸른빛이 더욱 돋보이는 블루 라군에 도착했다. 자연이 만들어 놓은 커다란 수영장 같다. 에메랄드빛 블루 라군에 몸을 담그고 싶은 생각이 들기도 했다. 청록색을 띤 블루 라군을 보고 다시 페리로 돌아오는 길, 하늘엔 마침 해가 지고 있었다. 지중해 바다 위 붉게 물든 하늘이 환상적이다. '가슴 벅차고 설렜던 2024년이여 안녕, 고마웠어!' 조용히 하늘을 보며 외쳐 보았다.

2025년이 밝았다. 새해를 몰타에서 보낸 지 열흘이 지났다. 혜숙, 도영, 정회, 인숙 언니들과 블루 시티투어 버스를 탔다. 골든 베이(Golden Bay) 해변에 내렸다. 시원한 바닷바람과 파도가 높게 일렁이고 있었다. 어린아이처럼 신나게 모래사장을 뛰어다녔다. 신발과 양말도 벗었다. 파도가 힘차게 밀려와 부드러운 거품을 만들어 발등을 감싸 주었다.

거센 파도가 우리를 덮으려 하면 도망치기에 바빴다. 깔깔거리는 웃음소리에 행복이 묻어난다. 파도는 점점 더 반갑다 인사하는 것 같았다.

몰타에서 크리스마스를 보내고 두 언니의 생일 파티를 했다. 도영 언니 생일날 게임에 걸려 엉덩이로 이름 쓰기 했다. 커다란 웃음소리가 더 큰 웃음을 자아냈다. 혜숙 언니의 료끼 파스타와 꽃빵 잡채, 새우, 오징어튀김은 정말 맛있었다. 보름달을 보며 벤치에 앉아 노래를 불렀던 기억도 생생하다. 언니들과 일출을 보며 마샤슬록(Marsaxlokk) 어시장에 가고, 몰타 대학교에서 학식도 먹었다. 캔들 라이트 연주회에 가고, 카페에 앉아 카푸치노를 마시며 함께 글을 썼다. 와이너리 투어와 정원희 작가가 해준 카레와 찹스테이크 맛도 잊을 수 없다. 여행은 어떤 사람과 하느냐에 따라 행복지수가 다른 것 같다. 나에게 최고의 여행지를 묻는다면 좋은 사람들과 함께 한 이곳 몰타라 말하고 싶다. 다시 또 몰타를 꿈꾸어 본다.

4-6

엄마와 고둥 쪽쪽 빨며 걷던 길

(신혜숙)

나의 최고 여행은 엄마와 함께했던 부산 여행이다. 엄마랑 처음 해본 게 많아 특별하고 소중한 기억으로 남아있다. 다시 가질 수 없는 시간이었다. 그래서 더욱 의미가 있는 여행이었다. 여행 중 작은 순간들, 함께 나눈 대화, 엄마의 미소가 시간이 지나도 마음속에 새겨져 있다. 매년 11월 말, 김장하는 철이 되면 엄마는 작은 배낭을 메고 서울에서 부산까지 왔다. 부산역에 마중 나가면 멀리서 활짝 웃으며 걸어오는 엄마가 보인다. 나는 손을 흔들며 뛰어간다.

어느 겨울날, 엄마와 부산 여행을 했다. "엄마! 부산에 유명한 돼지국밥 먹어볼래요?" 서울에서는 소고기국밥을 먹지만, 돼지 뼈를 우려내어 육수를 만들고 편육과 밥을 넣고 간을 해서 만든 것이 돼지국밥이다. 처음 먹어본 엄마의 반응이 궁금했다. 잡내도 없고 구수하다고 했다.

깨끗이 한 그릇 비우고 나서 엄마와 팔짱을 끼고 김장거리를 사러 시장에 갔다. 어릴 적 코 훌쩍거리며 엄마 따라 시장에 다니던 생각도

났다. 시장 안에는 엄마가 좋아하는 닭발집이 있었다. 엄마가 무척 좋아하는 음식이다. 비닐장갑 끼고 닭발을 하나씩 먹었다. "엄마! 이게 맛있어?" "너도 먹어봐 쫀득하고 맛있어!" 웃으며 말했다. 닭발은 내가 안 먹는 음식 중 하나다. 내 눈에 닭발을 맛있게 먹는 엄마 모습이 신기하기만 했다. 먹다 남은 닭발은 포장했다. 김칫소에 들어가는 채소를 배달시키고 집에 도착해서 차를 끓였다. 따뜻한 차와 함께 엄마와의 시간 너무 행복했다. 그간에 밀린 얘기를 했다. 아버지에 대한 불만부터 시작된다. 아버지는 잘생긴 외모에 밖에서 인기가 많았다. 주변 사람들이 엄마보고 좋겠다고 말하지만 엄마는 얼마나 고집불통인지 한번 살아보라고 한다. 그러면서도 항상 아버지가 좋아하는 반찬을 만들었다.

허리가 아파 한의원에 가서 침을 맞고 누워 있는데 밖에서 아버지 목소리가 들렸다고 한다. 산악회 회장인 아버지가 회원인 아주머니를 부축해서 침을 맞으러 왔는데 엄마는 화가 났다. 마누라는 혼자 힘들게 와서 침을 맞는데 다른 사람 데리고 온 아버지한테 섭섭해했다. 나는 웃으며 농담으로 "엄마! 아버지랑 이혼해라!" 나의 말에 엄마는 째려본다. 부모님의 아웅다웅하는 소리가 들리는 것 같다. 한참을 아버지 흉보고 있는 우리 모녀다.

이야기꽃을 피우다 보니 배달시킨 채소가 도착했다. 채소를 다듬고 찹쌀풀을 끓이고 양념을 만들었다. 아이들은 설탕 대신 들어갈 대봉감을 으깨고 씨와 껍질을 골라냈다. 다음날, 김치를 담아 여러 통을 만들었다. 옆 동에 사는 시댁 김치도 예쁘게 담았다. 정리를 끝내고 엄마랑 온천에 목욕하러 갔다. 뜨끈한 온천물에 피로를 풀었다. 오랜

만에 엄마 등을 밀어봤다. 엄마는 어릴 적 피부가 곱고 매끄러워서 서로 만지려고 싸웠다. 나이가 들어서 주름이 많이 생겼다. 이 주름 반은 알게 모르게 내가 만든 게 아닐까.

김장이 끝나고 우리는 기장으로 향했다. 엄마는 바다를 참 좋아했다. 탁 트인 바다가 속이 시원해서 좋다고 했다. 바닷가에 있는 절에 가서 삼배를 올리고 걸어오는 길에 고둥 한 봉지를 까먹으며 걸었다. 오래전, 꼭 한 번 사 먹고 싶었는데 불량식품이라며 남편은 못 먹게 했었다. 엄마랑 고둥 쪽쪽 빠는 소리가 우습다. "쪽쪽" 고둥살이 쏙 빠져나온다. 서로 마주 보며 웃는다. 엄마도 나도 처음 해보는 모습이다. 너무 열심히 빼 먹어서 입이 얼얼하다. 엄마의 소녀 같은 모습을 보았다.

바닷길을 따라 내려오면 대변항이 있다. 잔잔한 파도 소리가 들렸다. 크고 작은 멸치잡이 배들이 정박해 있다. 이곳 갈매기들은 먹이가 많아서 오동통했다. 미역, 다시마, 말린 생선 들이 좌판에 진열되어 있다. 엄마는 이 길을 그냥 지나치지 못했다. 생선도 만져보고 멸치도 맛보고 신났다. 돌 위에 구운 오징어도 한 마리 사서 씹었다. 볼거리가 풍성한 이런 노점상이 좋았다. 미역, 다시마 멸치는 열 박스씩 주문하고 택배로 신청했다. 친구들에게 선물하고 싶어 주소를 적어 왔다. 해녀 촌에 들어가서 전복죽을 주문했다. 전복 내장을 넣어 노르스름한 죽은 그날따라 더 고소하고 맛있었다. 싱싱한 멍게와 개불도 먹었다. 엄마는 처음 먹어보는 개불이 좀 이상하게 생겼는데 달콤하니 맛있다고 웃었다.

기장 죽성리 해안도로 따라 걸었다. 겨울 햇살은 따뜻한데 바닷바

람이 세다. 춥지 않냐고 물으면, 그래도 풍경 좋고 상쾌하다고 걷자고
했다. 엄마는 항상 나보다 잘 걸었다. 바닷가 옆 카페에 들어가 뜨거
운 커피를 마셨다. 온몸이 온기로 점점 따뜻해졌다. 창밖 파도치는 소
리가 요란했다. 엄마와 연인 같은 분위기로 나란히 앉아 같은 곳을 바
라보며 서로 말이 없었다. 엄마도 많은 생각을 하는지 눈에 눈물이 고
여 있었다. 평생 바쁘게 종종걸음으로 살아온 엄마의 옆모습이 안쓰
러워 어깨를 안았다. '엄마! 오 남매 키우느라 고생했어요!' 주름살 많
은 엄마 손도 쓰다듬었다. 나를 바라보며 살짝 웃는다. "엄마! 이곳에
다시 와서 고둥 사 먹자." 엄마는 말없이 고개를 끄덕였다. 해운대로
넘어와 콘도에서 하룻밤을 잤다. 객실 위층 목욕탕에 몸을 담근다. 창
밖 바다를 보며 뜨끈한 탕 속에서 피로를 푼다. 엄마와 처음 단둘이
다닌 겨울 여행이었다.

3년이 지나 엄마는 갑상샘 수술도 하고 몸이 쇠약해졌다. 바다도 볼
겸 다시 부산에 왔다. 걸음걸이가 불편했다. 해운대 동백섬을 걸었다.
이곳이 미국 관광지보다 멋있다고 한다. 엄마가 언니네 유학 시절 미
국에 두 달 다녀온 생각이 난 것 같았다. 중간중간에 계단 오르는 것
을 힘들어했다. 지팡이 짓고 부축하며 걸었다. "엄마! 고둥 사 먹으러
갈까?" 힘들다며 다음에 가자고 말했다. 엄마 모르게 하늘 보며 눈물
을 삼켰다. 사진도 많이 찍었다. "예쁘게 한 장 찍어라." 한다. 나이가
들었어도 여전히 미인이다. 청사포 등대 앞에서 찍은 사진은 엄마의
영정사진이 되었다. 늘 우리 딸들이 최고라고 자랑스러워하던 엄마는
우리 곁을 떠났다.

내 곁에 소중함을 잃고서야 얼마나 값진 것인지 깨닫게 된다. 엄마

의 사랑을 너무나 쉽게 지나쳤다. 힘든 일이 생기면 '엄마라면 어떻게 했을까!' 생각한다. 엄마는 살아 가는 데 필요한 나의 지침서다. 겨울이 오면 유독 엄마 생각이 많이 난다.

자식은 부모 곁에 같이 하는 시간이 길지 않다. 고등학교 때까지는 늦게까지 입시 공부한다고 얼굴 보는 시간이 짧다. 길게 대화할 시간이 없다. 대학교에 입학하면서 부모 곁을 떠난다. 부모들은 그제야 여유가 생기기 시작하지만, 반대로 자식들은 바쁘다. 부모님이 건강하고 잘 걸을 수 있을 때 많은 여행을 했었다면, 아쉬움과 후회로 가슴이 먹먹하다.

몰타 한 달 살이 여행에 외국에서 생활하고 있는 큰딸이 열흘 일정으로 이곳에 왔다. 큰딸 역시 같이한 시간이 고등학교 학생 때까지였다. 이번 여행이 처음으로 딸과 함께한 긴 여행이다. 오랜만에 밥도 해 먹고 꼭 붙어 다녔다. 일요일 아침에만 문을 여는 생선 시장 가서 딸이 좋아하는 새우를 1kg 사 왔다. 소금 깔고 구워서 껍질을 까주었다. 어릴 적 엄마가 우리에게 먹여 주던 모습이다. 엄마 앞에 모여 앉아 새끼 새들처럼 입 벌리고 순서를 기다리곤 했다. 엄마는 동생부터 차례대로 입속에 쏙쏙 넣어 주었다. 딸은 내가 해준 파스타가 이탈리아 파스타보다 더 맛있다고 잘 먹었다. 현지 재료들로 뇨끼 크림 파스타, 걸쭉한 해산물 토마토 파스타 등 다양하게 해내는 능숙한 이탈리안 요리사가 되었다. 딸과 같이하는 식사 시간이 즐거웠다.

몰타에서 페리로 두 시간 타고 가면 이탈리아 지중해 연안에서 가장 큰 시칠리아가 있다. 먹거리가 다양한 도시답게 곳곳에 활발한 재래시장이 많다. 작은 새우와 빙어튀김을 봉투에 담아 꺼내 먹으며 다녔다. 오랜 역사를 가진 교회들도 둘러 보았다. 이곳 사람인 가이드 설명을 딸이 통역해 주었다. 딸은 여러 곳을 관광하지 못해 아쉬워했다. 지금도 다시 가보고 싶어 한다.

딸은 시칠리아를 여행하면서도 무릎이 아파 힘들어하는 나를 보고 걱정이 태산이었다. 이젠 컸다고 잔소리가 많다. 나와 같이 지내는 시간이 좋아서 왔다지만, 딸에게 좋은 추억이 되는 여행이 되었길 바란다. 지난날 엄마와 함께했던 짧은 여행이 아쉬워서 더욱 딸과 많은 시간을 같이하고 싶다.

세상에서 가장 큰 거울

(양정회)

남미 여행을 하고 싶었던 가장 큰 이유는 버킷리스트 중 하나인 볼리비아 우유니 소금사막을 보기 위해서다. 지구상에서 가장 큰 거울, 거대한 하늘을 품은 호수에서 멋진 인생 사진을 찍어 보고 싶었다.

2019년 5월 남미 여행 8일째. 페루 쿠스코에서 볼리비아 수도 라파즈로. 라파즈에서 우유니로 비행하는 날이다. 오늘 여정도 쉽지만은 않을 것 같았다. 좀 쌀쌀하지만 쾌청한 날씨였다. 아침 여덟 시에 쿠스코 공항으로 출발했다. 고산병이 걱정되어 매일 아침 약을 먹고 하루를 시작했다. 라파즈는 해발고도가 4,000m가 넘는다. 쿠스코보다 더 높다. 고산병 증세가 나타날 수도 있다. 가이드가 거듭 주의를 당부했다. 천천히 걷기(뛰는 것 금지), 깊은 호흡하기, 물 많이 마시기, 배가 빵빵해지는 느낌이 나면 방귀 뀌기 등. 고산병 완화에 도움이 되는 행동을 자세히 설명했다. 화장품 뚜껑 열 때도 주의하라고 했다.

라파즈는 우유니 사막으로 가기 위해서 들러야 하는 곳이다. 세계에서 가장 높은 곳에 자리한 수도로 국그릇처럼 생긴 분지다. 비행기에서 내려다보는 라파즈는 커다란 파스타 볼처럼 생겼다. 공항이 높은 곳에 있다. 그 이유는 낮은 곳에 활주로 지형이 안 나오기 때문이란다. 설명을 듣고 보니 이해가 되었다.

세계에서 가장 높은 케이블카 텔레페리코는 라파즈의 대중교통이다. 열 개의 노선이 운영되고 있다고 한다. 우리나라 지하철처럼 노선을 색깔로 구분하고 있다. 지상 교통체증을 해결하기 위해 도입되었다. 케이블카를 이용하면 이동시간을 거의 반으로 줄일 수 있다고 한다. 또 도시 전체를 감상할 수 있는 장점도 있다. 그래서 관광객들에게 인기가 높다고 했다. 케이블카를 타고 도시를 여행하는 것은 특별한 경험이다. 우리도 케이블카를 탔다. 초록색 노선을 타고 가다가 노란색으로 환승도 했다. 시내를 한눈에 내려다보고 이곳 사람들의 삶을 엿볼 수 있었다. 높은 곳은 빈민가, 낮은 곳은 부촌이라고 했다. 축구를 좋아하는 볼리비아다. 축구 경기장도 보인다. 마침 청년들이 축구 경기를 하고 있었다. 우리는 가만히 있어도 숨이 찬데 아무렇지도 않은 듯 보였다. 이곳에서 브라질팀과 축구를 하면 볼리비아를 절대 이길 수 없다고 한다. 가이드의 말에 웃음이 나왔다.

어디에서나 전통 의상, 촐리타를 입은 여성들을 쉽게 볼 수 있다. 그들이 입은 치마는 사람들의 눈길을 사로잡는다. 여러 겹으로 주름을 잡아서 볼륨감을 살렸다고 한다. 색깔도 아주 화려하다.

우유니 공항에 도착했다. 픽업 나온 지프차를 타고 숙소로 향했다. 밖이 어두웠다. 주위 풍경을 볼 수 없어서 좀 아쉬웠다.

우유니 사막 숙소 크리스털 사마라 호텔에 도착했다. 이색적이고 신기한 모습이다. 호텔 로비, 복도, 벽, 우리 침대, 각종 테이블, 의자, 여러 장식품 등. 모든 것은 소금으로 되어있다고 했다. 진짜 소금인지 궁금했다. 동료 한 명이 손가락으로 찍어 맛을 봤다.

"아이 짜. 소금이 맞네."

인상을 잔뜩 쓰며 말했다. 너도나도 찍어 맛을 보며 웃었다. 밤에 보는 숙소는 아름다운 조명과 함께 어느 중세 도시의 성처럼 보였다. 우리는 흥분해서 호들갑을 떨었다.

저녁 식사 후 주위가 완전히 어두워지자, 지프차에 네 사람씩 나누어 타고 별빛 투어를 갔다. 밤낮의 기온 차가 심했다. 두꺼운 패딩 점퍼를 입고 목도리도 했다. 서쪽 하늘에 상현달이 기울고, 수많은 별이 우리를 향해 쏟아지고 있었다. 시야를 가리는 것 하나 없이 이렇게 많은 별을 본 건 처음이었다. 아주 커다란 반짝이 솜이불로 나를 감싸안아 주는 것 같았다. 포근하고 행복했다. 눈물이 핑 돌았다. 쉽게 잠이 올 것 같지 않았다.

다음 날 아침, 숙소 창문 밖으로 멀리 소금사막이 보였다. 창문을 프레임 삼아 사진을 찍었다. 눈이 부셨다. 우유니의 아침 햇살이 우리 방 안으로 쑥 밀고 들어왔다. 소금사막 지평선 너머로 떠오르는 태양은 가슴 뭉클했다. 선글라스를 안 쓰면 눈을 뜰 수가 없었다.

물이 없는 소금사막 바닥에는 육각형 모양이 끝없이 박혀 있었다. 벌집 같기도 하고 거북이 등껍질 같기도 하다. 밟으면 바스락거리는 소리가 났다. 너무 딱딱하다. 맨손으로 만지면 베일 것 같다.

먼 옛날 지각 변동으로 솟아오른 바다가 빙하기를 거쳐 녹기 시작하면서 거대한 호수가 생겨났다. 길고 긴 세월이 흐르는 동안 비가 잘 내리지 않았다. 건조한 기후는 호수의 물을 증발시켰다. 물이 사라진 자리에 소금 결정만 남았다. 바로 '우유니 소금사막'이다.

이곳 우유니가 5월이면 일반적으로 건기이다. 다행스럽게도 우리가 오기 며칠 전에 비가 많이 왔다고 했다. 마른 소금 바닥만 있으면 어쩌나 하고 생각했었다.

우기 때만 체험할 수 있는 물 고인 소금사막. 물이 반사되어 비현실적인 모습으로 우리를 유혹하고 있었다. 장화를 신고 찰랑거리는 물 위를 걸었다. 거울 위에 서 있는 것 같았다. 끝없이 펼쳐진 파란 하늘, 아니 두 개의 하늘이다. 나는 지금 두 개의 하늘 사이에 서 있다. 세상에서 가장 큰 거울이다. 앞에도 하늘, 옆에도 하늘, 그리고 발밑에도 하늘이다. 어디가 하늘인지 소금사막인지 구분이 안 되었다. 가슴이 뜨거워졌다. 경이로웠다. 행복했다. 멀고 먼 힘든 여정으로 여기까지 온 보람이 느껴지는 순간이었다.

가이드가 여러 가지 소품을 이용해 재미있는 사진을 많이 찍어주었다. 블로그에서 본 사진들처럼. 공룡에게 쫓겨 도망가는 나, 연을 날리며 열심히 뛰고 있는 나, 콜라병 위에 서 있는 나, 동료들과 같이 단체 점프하는 모습 등. 물이 끝없이 고인 소금사막에서 찍은 사진은 어떻게 찍어도 인생 사진이다. 동료들끼리도 서로 사진을 찍어 주며 깔깔거리고 신나 했다. 시간이 어떻게 가는지 정신을 놓고 있었다.

금강산도 식후경이다. 간단한 도시락이겠지 생각했는데 제법 그럴싸하게 준비했다. 소금사막 한가운데 식탁이 차려졌다. 알록달록한 색깔의 의자와 연한 파란색 체크무늬 천으로 덮인 식탁에 둘러앉았다. 라면, 샐러드, 고기, 음료 등 다양하게 준비되어 있었다. 우유니 소금사막에서 먹는 점심은 꿀맛이었다. 내가 먹어 본 라면 중에서 최고였다.

콜차니 민예 시장에서 우유니 사막 소금과 귀엽게 생긴 라마 인형을 기념품으로 샀다.

여행은 인간을 겸손하게 만든다. 우유니 사막은 자연 앞에서 인간이 얼마나 작은 존재인지를 깨닫게 해주었다. 세상에는 우리가 경험해 보지 못한 다양한 아름다움이 있다. 이런 미지의 세계를 탐험하는 것은 우리의 삶을 더 풍부하게 만들어 준다.

열악한 환경 속에서도 활기차게 살아가는 그들의 모습을 통해, 인간은 환경을 딛고 일어설 때 더 강해지는 것을 알게 되었다. 일상의 분주함에서 벗어나 진정한 자신을 되돌아볼 수 있는 계기가 되었다.

다시 라파즈로 돌아와서 늦은 저녁 식사를 했다. 식당에서 내려다보는 라파즈 야경은 여전히 아름다웠다.

오아시스

(유향은)

스물다섯 살 2013년 연말에 첫 해외여행을 떠났다. 유럽으로 배낭여행을 도전했다. 많은 도시를 보고 싶었다. 일을 하고 있었기에 주어진 시간은 그리 길지 않았다. 그래서 무리한 일정을 짰다. 18박 20일 동안 로마, 피렌체, 베니스, 밀라노, 스위스, 독일, 프라하, 암스테르담, 파리를 방문하는 일정을 만들었다. 여행을 준비할 때는 몰랐다. 짧은 일정에 잦은 이동으로 피곤할 것을 예상하지 못했다. 하지만 가보고 싶었던 도시들을 볼 수 있어서 잠을 포기할 수 있었다.

여행의 중간쯤 체코 프라하에 방문했다. 유럽의 물가가 부담스러웠던 나에게 그곳은 마치 오아시스 같은 곳이었다. 체코는 유럽이지만 유로가 아닌 크로나라는 화폐를 사용했다. 물가가 다른 곳에 비해 저렴했다. 이동 수단도 걱정할 게 없었다. 일주일 동안 사용이 가능한 교통권을 구매했다. 프라하 안에서의 대중교통을 이용 횟수 제한이 없이 사용할 수 있었다. 지하철, 버서, 트램을 타면 프라하의 못 가는 곳은 없었다. 그 덕에 이동 동선 걱정 없이 자유롭게 다닐 수 있었다. 까

를교를 걷다가 트램을 타면 비세흐라드까지 쉽게 갈 수 있었다. 그곳에서 볼타바강 위로 붉은 해가 지는 일몰을 감상할 수 있었다. 전 세계에서 가장 아름다운 동물원도 있다. 전부를 보기 위해 2만 보 이상 걸어야 했다. 그렇게 걸어 다녀도 모든 동물을 보지는 못했다. 힘들지만 동물들을 가까이 볼 수 있는 게 신기해서 열심히 돌아다녔다. 그중에서도 기억이 크게 남는 동물이 있다. 나뭇가지를 받아먹던 기린과 홍학 무리가 인상 깊었다. 언뜻 보아도 백 마리가 넘어 보이는 붉은색 홍학이 있었다. 사람을 무서워하지 않고 여유롭게 휴식을 취하는 모습이 신기했다. 한국이라면 두꺼운 통유리를 사이에 두고 멀리 있는 동물들을 보아야 하지만 이곳은 아니었다. 허리까지 오는 담장만 있을 뿐 몇 걸음만 움직이면 만질 수 있는 거리에 홍학들이 있었다. 그 모습이 인상 깊었다.

그리고 프라하에서는 비싸지 않은 가격으로 레스토랑을 이용할 수 있었다. 여행 중 오랜만에 돈 걱정 없이 식사를 즐겼다. 자주 먹었던 음식은 콜레뇨와 코젤 흑맥주였다. 전통 요리인 콜레뇨는 한국의 족발과 맛이 비슷한 돼지 무릎 요리다. 첫 모습은 바삭한 겉면 때문에 푸석해 보였지만 칼질을 하는 순간 안에 있던 육즙이 흘러내렸다. 맛을 보니 걱정과 다르게 식감이 부드럽고 육향이 강했다. 겉은 바삭하고 속은 촉촉해서 손이 계속 가는 맛이었다. 코젤 생맥주를 곁들이면 여행 중 쌓인 피로가 사라졌다. 맥주를 좋아하지 않는 나지만 체코에서 만난 맥주의 맛은 내가 생각한 맛과 달랐다. 깊은 보리의 맛과 향이 부드러운 탄산과 어우러져 목 넘김이 좋았다. 이렇게 맛있는 맥주가 물보다 가격이 저렴해서 자주 마셨었다.

프라하의 야경은 유럽의 3대 야경으로 손꼽힌다. 그런 아름다운 야경을 매일 즐겼다. 어디서 보든 프라하 성 뒤로 저물어가는 태양의 모습은 질리지 않는 풍경이었다. 다른 도시들에서 느꼈던 감동이 무색할 정도로 이곳이 좋아졌다. 멍하니 하늘만 보고 있어도 몸과 마음이 편안했다.

그해 12월 31일 마지막 날에는 새해를 맞이하기 위해 저녁 아홉 시까지 교로 향했다. 추운 날씨에 입김이 나오고 코는 빨개져갔다. 몸을 녹이기 위해 마셨던 뜨거운 뱅쇼는 금방 식어버렸다. 차가워진 뱅쇼를 마시며 술기운을 빌려 그 자리를 지켰다. 저녁 열한 시가 되었다. 시간이 흐르면서 많은 사람이 이곳으로 모여들었다. 그 모습이 퇴근시간 서울 2호선을 떠오르게 했다. 평상시였다면 불쾌하고 싫었을 테지만 추위에 지쳐가던 나였기에 모르는 이들이 주는 따뜻함이 좋았다. 열두 시가 되니 볼타바강 주변에서 불꽃놀이가 시작됐다. 화려하지는 않지만 새해를 만끽하기에는 충분했다. 그 모습을 보며 많은 사람이 소리를 질렀다. 체코어는 모르지만 웃고 있는 그들을 보고 있으니 나까지 즐거웠다. 소리쳐 소원을 빌었다. 30대가 되면 다시 이곳으로 돌아오겠다고 새해 소원을 빌었다. 다음날 프라하를 떠나 남은 일정의 여행을 했다. 첫 유럽여행에서 많은 것을 보고 먹고 즐겼다. 그래도 귀국 전날 밤은 아쉬움에 잠을 이루지 못했다.

많은 도시를 방문했지만 체코가 가장 그리웠다. 서른한 살이 된 2019년 2월에 다시 그곳으로 여행을 떠났다. 처음에는 화가 알폰스 무하가 좋아서 방문했었다. 그러나 이젠 프라하가 그리워서 다시 그곳을 찾았다. 잊히지 않는 아름다운 풍경과 친절한 체코 사람들이 좋았다. 그곳은 나의 건조해진 마음을 풍요롭게 만들어 주었다. 매일 노을이 지는 프라하성을 바라보니 문득 살아보고 싶다는 생각이 들었다. 이 풍경의 사계절을 보고 싶었다. 비가 오고, 눈이 오고, 꽃이 피며 계절이 변해가는 모습을 보고 싶었다.

이번에는 살아보겠다는 마음을 품고 집으로 돌아왔다. 늦은 결심은 아닐까 잠시 고민도 했지만 아무것도 시도하지 않고 포기하는 건 싫었다. 해보지 않고 단정 지으면 나중엔 더 큰 후회가 될 것 같았다. 최선을 다해 이력서를 넣고 화상통화로 면접을 봤다. 마침내 유니쿠 레스토랑에서 합격 연락을 받았다. 그렇게 프라하의 삶이 결정되었다. 한 달 정도 필요한 자료 준비와 출국 준비를 했다. 범죄 수사 경력 회보서, 졸업 증명서, 경력증명서, 국자 자격증 증명서를 영자로 발급받고 공증을 받았다. 자료를 다른 국가에서 법적으로 인정받기 위한 아포스티유까지 받고 모든 자료 준비를 마쳤다. 오랜 시간 만나지 못할 가족과 친구에게 작별 인사를 하고 떠났다. 큰 기대를 안고 시작한 해외 살이지만 현실은 생각한 것과 달랐다. 소통이 어려웠고 그로 인해 일은 더욱 힘들었다. 하지만 그곳의 풍경들이 나에게 위로가 되었다. 트램을 타고 관광지들을 지나 출근했다. 출근길과 퇴근길은 항상 여행처럼 느껴졌다. 힘든 일상 속에서도 영어 공부를 게을리하지 않았다. 그리고 시간이 지나면서 함께 일하던 현지 직원들과 친해졌다. 그들은 나에게 원어민 선생님이 되어주었고 영어도 체코어도 어려웠던 나에게 의지가 되는 좋은 친구가 되어주었다. 2년 동안 힘들어도 즐거운 해외의 삶이었다.

그런데 갑자기 코로나라는 신종 바이러스가 등장했다. 도시의 모든 것이 멈춰버렸다. 근무하던 레스토랑도 그 현실을 피해 갈 수 없었다. 체코 정부에서 모든 레스토랑과 카페 등 사람들이 모이는 곳은 영업을 정지시켰다. 아침에 끝없이 울리는 구급차의 소리를 들으며 눈을 떠야 했다. 언제 끝날지 모르는 상황 속에서 정신적으로 힘들었다. 일하지 못하니 금전적으로도 한계를 느끼기 시작했다. 그래서 결국 견디지 못하고 귀국할 수밖에 없었다. 코로나가 아니었다면 현지 친구들과 야경을 즐기고 있었을지도 모른다. 지금은 한국에서 요리사의 길을 걷고 있지만 언제든 새로운 도전을 할 준비가 되어 있다. 앞으로도 이런 마음으로 인생을 대하려 한다.

여행하다 보면 살고 싶은 마음의 오아시스 같은 도시를 만나게 된다. 그런 마음이 생겼다면 늦었다고 생각하지 말고 도전해 보라고 말해주고 싶다.

4-9

그랜드 캐니언에서 캠핑을

(이지은)

밴쿠버 어학 연수하던 때 프랑스에서 온 오드(aude)와 브라질에서 온 길러아미(Guilherme)와 캐니언 투어를 했다. 어학원 땡땡이치고 간 여행이다. 밴쿠버 도착하고 나서 6개월 정도는 영어학원에 지각하지 않고 수업에 참석했다. 학원 끝나고 나서는 복습도 했다. 주말에도 한국인 친구들보다는 외국인 친구들과 어울리며 한마디라도 영어로 말하려고 했다. 레인쿠버(Rain+Vancouver)라는 별명을 가질 정도로 비가 많이 오는 겨울과 봄이 가고 놀기 좋은 여름이 왔다. 차분했던 마음은 두근거리기 시작했다. 엉덩이가 들썩였다. 들뜬 마음은 쉽게 가라앉지 않았다. 노스밴쿠버에 등산을 가기도 했고 로키산맥에 여행을 가기도 했다. 여기저기 다녔는데도 성에 차지 않았다. 여기까지 왔는데 미국 여행을 가봐야 하지 않나 하는 마음이 들었다. 그때 마침 한국에서 같은 대학 다니던 친구 경원이도 미국 여행을 가고 싶어 했다. 미국 하면 화려한 라스베이거스와 웅장한 그랜드캐니언이 생각나서 두 곳을 갔다 오기로 했다. 라스베가스는 원도 한도 없이 즐겼다. 공연도 보고

5성급 호텔에서 자보기도 했다. 근데 그랜드캐니언은 미련이 남았다. 당일치기 버스 투어로 갔다 와서 그런지 수박 겉만 핥은 느낌이었다.

미국 여행하고 돌아와서 학원 수업을 듣는데 계속 그랜드캐니언이 눈앞에 아른거렸다. 어학연수하는 동안 캐년을 꼭 갔다 와야 할 것 같았다. 한국에 돌아가면 학점 관리, 취업 준비로 바쁠 게 뻔했다. 취업하면 더욱더 바쁠 것이고. 지금이 딱 좋은 시기였다. 여러 생각으로 마음이 조급해졌다. 어학원에서 같이 갈 친구를 구하기 시작했다. 어학원 쉬는 시간마다 같은 반 친구 다른 반 친구 가릴 것 같이 여행 가자고 물어보았다. 사실 애원에 가까웠던 것 같다. 대부분은 가고 싶지만 사정상 못 간다고 했다. 몇몇은 생각해 보고 말해준다고 했다. 하루 이틀 지나고 쉬는 시간에 교실에 같이 여행가고 싶다고 두 명이 찾아왔다. 프랑스인 오드, 브라질에서 온 길러아미. 함께할 여행 메이트가 생기니 벌써 마음이 두근두근했다.

이번엔 특별한 여행을 하고 싶었다. 사서 고생하는 콘셉트. SNS에서 자주 볼 수 있는 각 잡고 찍은 사진을 남기기만 하는 여행은 싫었다. 꼬질꼬질해지지만 평생 기억에 남는 시간을 보내고 싶었다. 머릿속에 두 글자가 떠올랐다. 캠핑. 그랜드캐니언에서 캠핑 생각만 해도 낭만이 넘쳤다. 둘에게 캠핑해 보는 거 어떻냐고 물으니 좋은 생각이라고 했다.

시간 날 때마다 일정을 짰다. 라스베이거스에서 출발해 그랜드캐니언, 브라이스 캐니언, 지온 국립공원에 들렀다 다시 라스베이거스로 돌아오기로 했다. 라스베이거스에서만 게스트하우스 이용을 하고 나머지는 캠핑하기로 했다. 이동 수단은 승용차를 빌리기로 했다. 오드와 길러아미가 운전을 할 수 있어 다행이었다. 이번 캐년 투어는 여행사도 이용하지 않고 가이드도 함께하지 않기로 했다. 셋이 뭉치니 든든했다. 2주 동안 텐트, 침낭 등 캠핑용품을 준비하고 캠핑장을 예약했다. 구글맵에 우리가 갈 곳에 대해 검색해 보고 저장했다. 여행 준비를 끝내고 여행 당일 밴쿠버 공항에서 내 몸만 한 배낭을 메고 편안한 복장으로 만났다.

공항에서 만난 오드와 길러아미는 매일 학원에서 보던 얼굴이었지만 오늘은 특별히 반가웠다. 캠핑 필수품 침낭을 챙긴 것을 확인하고 짐을 부쳤다. 서로 컨디션이 어떤지 그랜드캐니언 투어하는 동안 꼭 하고 싶은 것은 뭔지 물어보았다. 3시간 정도 수다를 떨다 보니 라스베이거스에 도착했다. 우리는 화려한 라스베이거스는 뒤로하고 렌터카를 찾고 바로 외곽에 있는 게스트하우스로 갔다. 짐을 풀고 근처에서 저녁을 먹었다. 10일 동안 장거리 운전하고 등산에 캠핑까지 할 거라 일찍 잤다.

아침 동이 트자마자 끝없는 모래사막을 마주했다. 라스베이거스에서 그랜드캐니언 가는 길은 6시간 정도 걸렸다. 중간에 사진 찍고 싶은 곳에 내려 멋진 포즈를 취해 사진도 찍었다. 마트에 들러 며칠 동안 마실 물과 간식, 빵과 잼을 샀다. 그랜드캐니언에 있는 캠핑장에 도착했다. 차를 오래 타서 찌뿌둥한 몸을 스트레칭했다. 캠핑장 사이트도 배정받고 지도도 받았다. 짐을 풀고 텐트를 쳤다. 텐트 설치하는

데 시간이 꽤 걸렸다. 그랜드캐니언에서 캠핑하자는 나의 말에 1초의 망설임도 없이 오케이 해서 다들 캠핑을 해본 적이 있을 거라 생각했다. 다들 처음이었다. 1시간 정도 이리저리해보다보니 완성되었다. 몸이 말랐다. 한숨 돌리기 위해 식탁용 벤치에 앉아 마트에서 사 온 맥주를 마셨다. 시원하지 않았지만 몸을 움직이고 난 후라 그것도 꿀맛이었다. 쉬고 이야기하고 하다 보니 저녁 시간이 되었다. 햄과 잼을 식빵에 듬뿍 발라 한입하고 사과 한 개를 먹었다. 해가 지고 어둠이 찾아왔다. 건물 하나 없고 나무로 빽빽한 사이트. 랜턴 켜고 내일 어디 갈지 정하고 몇 시에 일어날지 이야기하다 하늘을 잠시 보았다. 별이 쏟아진다는 풍경이 펼쳐졌다. 하늘이 크고 작은 별로 가득했다. "길러아미! 오드! 하늘 봐. 멋지지. 같이 누워서 잠시 별 보자"라고 했다. 다 같이 하늘을 보고 누웠다. 주변은 고요했고 눈에 별이 쏟아져 내렸다. 조금 더 보고 싶었지만 내일 아침 일찍부터 여행을 시작해야 해서 침낭에 들어갔다. 너무 고요하고 어두워 무서운 느낌도 나고 잠이 오지 않을 것만 같았다. 차도 오래 타고 하루 종일 쉴 새 없이 떠들어서 그런지 바로 잠들었다.

텐트를 뚫고 서서히 밝아오는 햇빛이 들어왔다. 일출을 보기로 한 오드와 나는 안경만 쓰고 바로 뛰쳐나갔다. 5분 정도 달리니 그랜드캐니언을 배경으로 해가 서서히 떠올랐다. 동그란 해가 다 뜰 동안 바닥에 앉아 아무 말 없이 감상했다. 감격스러웠다. 새해의 해만 두근거리고 희망찬 느낌일 줄 알았는데 여기서 보는 해는 가슴이 벅차게 했다. 따스한 햇살을 맞으니 새로 태어난 느낌이었다. 아침의 건조한 찬바람에 따스한 햇살. 아직도 그 느낌이 생생하다.

여행을 하다 보면 과시하고 싶을 때가 있어 사진 찍는 것에 집착하게 된다. 그리고 사람들마다 많이 가는 유명한 맛집이나 SNS에 많이 올라오는 핫 플레이스에 가고 싶어진다. 그러다 보면 내가 원하는 여행을 하지 못하는 경우가 있다. 두 친구와 했던 여행은 전혀 다른 경험이었다. 화장도 안 하고 긴 시간 등산하고 빵과 잼으로 끼니를 때우고 캠핑장에서 잘 씻지 못해 꼬질꼬질했지만 즐거웠다. 한 번쯤 거추장스러운 것을 벗어던지고 진짜 나를 즐겁게 하는 것을 해보면 좋을 거 같다.

4-10

호텔리어

(홍순옥)

어릴 적부터 가고 싶었던 나라였다. 초등 저학년 때 푹 빠져 보았던 만화영화 덕분이었다. 그 만화 속 주인공을 보며 막연히 꿈을 꾸었었다. 갈색의 짧은 머리를 휘날리며 넓은 들판을 뛰어다니던 그 아이는 나를 꿈꾸게 했다. '언젠가 저 아이가 서 있는 푸른 들판에 가보고 싶다'라며 마음속에 넣어 두었었다. 중학생이 되던 해 우연히 그 나라 동갑내기 이성 친구와 펜팔을 하게 되었다. 그 친구는 내가 잘 읽지 못하는 영어로 편지를 보내왔다. 영어가 서툴렀던 나는 편지를 당시 영어 과목 담당이었던 담임 선생님에게 읽어달라고 했었다. 선생님은 교실에서 반 친구들 모두에게 도움이 될 수 있도록 영문 편지를 읽고 해석해 주었다. 감정이 풍부했던 사춘기 시절 편지를 들으며 머나먼 그곳을 그리워했었다.

어느 날은 사진도 교환했다. 나는 보라색 하늘거림이 가득한 코스모스 꽃밭에서 수줍게 찍은 사진을 보냈다. 그 친구는 한국의 짧은 머리 남학생들과 다르게 긴 머리를 하고 친구들과 파티하는 사진을 보내왔다. 코스모스가 핀 그곳이 무척 마음에 들어 했다. 한국에 가면 그곳으로 놀러 가자고 했다. 편지를 받아 들었던 그때를 생각하니 마음이 간질간질하며 웃음이 나온다. 그 친구는 편지에서 장래 희망이 호텔에서 일하는 것이라고 했다. 담임 선생님이 그 부분을 읽어줄 때 우리 반 친구들이 키득거리며 웃었다. 호텔에서 일하고 싶다는 그 친구의 글이 왠지 우리에겐 낯설게 다가왔었다. 호텔은 본 적도 없는 시골 중학생인 우리에게 '호텔리어'라는 단어는 무척 생소하게 들렸던 것 같다.

나중에 알아보니 그 나라에서는 1893년에 이미 세계 최초의 '호텔로잔스쿨'이 세워졌다고 한다. 그 학교는 단순한 호텔 서비스만을 가르치는 곳이 아니었다. 관광, 레저 산업, 회계, 기업 관리, 마케팅까지 포함한 전문적인 호텔리어를 키워내는 곳이었다. 펜팔 친구가 말하는 호텔과 우리가 생각했던 호텔에 대한 인식은 아주 달랐다. 1970년대 시골 중학생인 나와는 전혀 달랐다. 우리가 생각하는 호텔은 그저 잠이나 자는 곳이기 때문이었다. 그렇게 몇 번 더 편지를 주고받다 자연스럽게 연락이 끊겼다.

그리고 몇십 년이 지나 그곳에 발을 디뎌보게 된 것이다. 언제부턴가 내 꿈이 되었던 그곳 '스위스'.

국경을 넘는 순간 그때의 추억이 떠오르며 "와~드디어 왔다!" 하는 탄성과 뭉클한 감동이 밀려왔다.

온몸에 저릿한 전율이 퍼졌다. 그 옛날 만화에서 보았던 하이디의 천진난만한 눈동자와 펜팔 친구의 사진 속 웃는 얼굴이 스쳐 지나갔다.

자동차 여행을 하기 위해서는 나라별로 필요한 '비넷(고속도로 통행료 스티커, Vignette)을'을 구매해야 했다. 스위스는 국경에서도 비넷을 구매할 수 있었다. 40프랑짜리 비넷은 1년 동안 사용할 수 있었다. 하루를 여행하든, 1년을 여행하든 한 가지 비넷만 존재해 당황했다. 그렇지만 그런 건 중요하지 않았다. 막연히 꿈꾸던 그곳 스위스에 온 것만이 마냥 신기했다.

첫 번째 고속도로 휴게소에 들렀다. 깔끔하게 정돈된 상점들은 색색의 상품들을 한눈에 보이게 배치해 놓아 뭐라도 하나 사야겠다는 생각이 들게 했다. 그곳에서 샀던 에비앙과 원두커피는 정말 맛있었다.

루체른에 도착하니 다행히 비가 잠깐 멈추고, 하이디의 웃음 같은 햇살이 비쳤다.

유럽은 어딜 가든 주차가 가장 어려웠다. 주차 안 되는 곳, 되는 곳을 미리 알아야 했다. 주차 요금 정산이 복잡한 길가 주차를 포기하고 가까운 마트에 주차했다. 덕분에 마트 구경도 하고 쇼핑도 할 수 있었다. 알프스의 맑고 깨끗한 물로 만든 와인과 맥주를 저렴한 가격에 사기도 했다.

중세 스위스 거리가 잘 보존된 구시가지에는 다양한 상점과 레스토랑들이 자리하고 있었다. 파스텔 색조의 낮은 건물들이 골목길 양쪽으로 빼곡히 들어서 있었다. 상가가 위치한 골목길은 스위스 특유의 작은 돌들을 촘촘히 엮어 만든 돌길이었다. 골목길들이 너무 예뻐 바닥만 내려다보고 걷기도 했다. 길가에는 처음 보는 멋진 나무들이 줄지어 있었다. 거리는 쓰레기 하나 없이 깨끗했다.

유럽에서 가장 오래된 목조다리 카펠교(17세기 작품)도 걸었다. 지붕이 있는 다리로도 아미 유명세를 치르는 듯 관광객이 쉴 새 없이 오가고 있었다. 다리 중앙에 서 있는 탑 '바서투름'이 있어 더욱 독특해 보였다. 그 밑을 흐르는 로이스강은 깊은 바닷속 산호를 닮은 청록빛 포말은 바쁜 여행자를 그 자리에 잡아두기도 했다. 그 모든 것이 마치 영화 속에 들어온 듯한 착각을 하게 했다.

아쉬움을 남겨둔 채 루체른을 떠나 인터라켄에 도착하니 가랑비가 조금씩 내리고 있었다. 늦은 오후 비 내리는 거리는 안개가 짙게 깔리고 상점의 불빛이 번져 몽환적인 매력을 뿜어냈다. 인터라켄의 반 호프 거리는 자국민들도 많이 찾는 곳이라고 했다. 높은 건물보다는 단층의 크고 아늑한 상점들이 많았다. 기념품점, 갖가지 시계가 나열된 상점들, 그 옆의 멋진 호텔들이 눈길을 사로잡았다. 마침, 한국에서 재미있게 시청했던 '사랑의 불시착' 촬영지가 가까이 있었다. 남녀주인공들이 만났던 스그릴빌 다리는 tv에서 보여주던 것과 다르게 평범한 철재 다리였다. 오히려 내 눈을 사로잡은 건 다리 뒤로 펼쳐진 초록 초록의 풀밭이었다. 그곳엔 스위스 전통의 목조주택들이 자연과 어우러져 마치 그림책을 펼쳐 놓은 듯 보였다. 하이디가 뛰어다녔던 곳이 저곳이지 않았을까 싶었다.

다음은 드라마에서 현빈이 피아노를 쳐서 유명해진 이젤발트로 향했다. 드라마가 아니었으면 전혀 알지 못했을 브리엔츠 호수는 작은 마을이었다. 늦은 오후라서인지 사람이 없었다. 덕분에 우리 부부만이 호수를 다 가진 듯 동네를 걸으며 잠깐의 여유도 가질 수 있었다. 수많은 나무 사이로 보이는 목초지, 신비한 빛깔을 내뿜는 브리엔츠 호수는 말문이 막힐 정도로 경이로웠다. 여건이 된다면 며칠간 머물고 싶은 곳이었다. 넓은 들판과 스위스 전통가옥인 샬레의 평화로운 모습이 펼쳐져 있던 그곳은 아직도 내 마음에서 떠나지 못하고 간직되어 있다.

다시 떠올려봐도 마음속에 간직한 보석 하나를 꺼내듯 입가에 미소가 지어지는 여행이었다. 단순한 여행이 아니라 어릴 적 꿈꾸던 꿈이 현실이 된 순간이었다. 아마 누구나 마음속에 특별한 꿈 하나쯤은 간직하고 있을 것이다. 나에게 그 꿈은 스위스를 여행하는 것이었다. 그 꿈이 이루어진 후 사람들은 내게 한결같은 반응을 보였다. "와! 부럽다."

그때마다 나는 말한다. 떠나보라고 떠나고 떠나지 않고는 자신이 결정하는 거라고 자신 있게 말한다.

그 말속에는 나만의 확신이 담겨 있다. 마음속에 품은 꿈을 그저 가만히 두기만 하면, 결국 사라져 버릴지도 모른다. 꿈을 현실로 만들기 위해서는 반드시 행동해야 한다. 꿈을 향한 의지와 노력 그리고 그 과정에서 얻는 경험은 나를 성장시키는 힘이 된다. 그래서 나는 다시 한번 꿈을 꾼다.

언젠가 다시 그 길을 걸을 수 있다고 믿는다. 그리고 사람들에게 말하고 싶다. "소중한 꿈이 있다면 행동하세요. 마음속에만 두지 말고 꺼내야 합니다. 그것을 현실로 만들기 위한 용기가 필요합니다. 한 발 내디뎌 보세요. 한 번의 용기 있는 발걸음이 당신을 전혀 다른 세계로 데려다줄 수 있습니다."

권경희

    글을 쓰며 지난 10년을 돌아보았다. 50세에 나만의 여행을 만났다. 일을 조금 내려놓고 세상 밖으로 떠났다. 단순히 장소를 바꾸는 것이 아니라 내가 보는 시각이 넓어졌다. 일상에서 놓칠 수 있는 인생의 소중한 순간들을 알게 해줬다. 그 과정에서 만나는 작은 기쁨들이 나와 가족의 삶을 더 풍요롭게 만들어 주었다. 여행은 언제나 끝없는 매력에 빠지게 한다. 낯선 곳에서 만나는 새로운 풍경은 나를 꾸미지 않는 모습으로 더 큰 세상을 만나게 해준다. 새로운 도전을 받아들이는 용기를 준다.

권세라

혼자 떠난 여행이지만 결국엔 인연을 만들어오는 인연 수집가. '사소하고 시시한 하루가 쌓여 계절이 되고 계절이 쌓여 인생이 된다'는 구절처럼, 여행은 무던한 일상 속 숨을 고를 수 있는 따뜻한 쉼표가 되어준다. 때론 벅차고 때론 고단했던 시간을 내려놓고, 스스로를 다시 채워 넣는 새로운 도전의 여정이기도 하다. 여행은 나에게 과거의 역경과 고단함을 정화하고 다시 나아갈 힘을 주는 삶의 리셋 버튼이다. 또다시 나에게 새로운 영감을 속삭여줄 다음 여행지는 어디일지, 조심스레 기대하게 된다.

김찬송

내일이 되면 원하든 원하지 않든 현재는 돌아올 수 없는 과거가 된다. 온전히 머물러 있는 시간은 없다. 매일 추억이 만들어진다. 일상 속에 여행을 추가하니 조금 더 특별해 보인다. 최대한 그 순간에 머물러 즐긴다. 시작은 혼자였지만 이제는 늘 함께다. 나의 인생에 기억되고 싶은 사람이 있다면 손 내밀어 본다. 때로는 함께한 사람과의 추억이 여행지 자체보다 더 오래 기억되는 것을 알게 되어서이다. 여행이라는 것은 나의 깊은 곳을 보게 하고 발전시킨다. 머무르되 멈추지 않길 늘 애써본다.

박미경

책을 통해 누군가의 여행에도 작은 용기와 작은 위로가 전해지면 좋겠어요. 낯선 길 위에서 웃고 울었던 그 순간들이 결국은 우리 삶의 반짝이는 기억이 되듯, 각자의 여행도 그런 따뜻한 순간들로 가득하길 바랍니다. 지금, 이 순간에도 누군가는 살짝 설레는 첫발을 떼고 있겠지요. 멀리 가지 않아도 괜찮아요. 마음이 움직이는 그때가 바로 여행이니까요. 당신의 이야기 또한 누군가에게 잔잔한 힘이 되어 주길 바라는 마음입니다. 저도 오늘, 조용히 마음속 지도를 펴 봅니다.

복기령

우리는 언제나 삶 속에서 떠나고 싶은 순간을 마음속에 품고 살아간다. 그 순간은 여행지의 풍경이기도 하고, 일상에서 벗어나고 싶은 작은 숨결이기도 하다. 길 위에서 만난 인연과 예상치 못한 순간들, 여행의 물건, 그리고 나만의 최고 여행지를 떠올릴 때마다 내 삶에 새로운 추억의 문장을 써 내려가게 했다. 이 책이 누군가의 여행길에 용기를 주고, 발걸음을 조금이 나마 가볍게 이끌어 주는 작은 동행이 되기를 바란다.

신혜숙

나에게는 추억 저금통장이 있다. 여행하면서 겪었던 일들이 여러 사진과 함께 차곡차곡 쌓인다. 마음이 힘들 때면 출금해서 위안을 얻는다. 아직 채워야 할 칸이 많이 남아있다. 나에게 여행이란 반복되는 일상을 벗어나 다른 현실을 경험하는 것이다. 호기심이 생기고 관찰하느라 날마다 새롭다. 풀리지 않는 일도 부딪치면서 자신감이 생기고 용감해진다. 여행은 지칠 때 꼭 필요한 영양제다. 다시 일어서고 싶다면 여행을 떠나보자.

양정회

여행은 어디로 가느냐보다 누구와 함께하느냐가 더 중요하다는 걸 딸과의 여정을 통해 배웠다. 함께여서 더 빛났던 순간들, 예상치 못한 일이 추억이 된 여정, 여행지에서 만난 작은 물건 하나에도 그때의 이야기가 스며 있다. 여행은 일상에서 벗어나 나를 새롭게 바라보게 해준다. 지금도 마음속 한편에 선명하게 남아있는 풍경은 또 다른 여행을 꿈꾸게 한다. 여행은 단순한 이동이 아니라 함께 걷는 사람과 시간을 나누고 마음을 나누는 일이다. 그 기억은 내 삶을 더 풍요롭고 단단하게 만들어 준다.

유향은

사람마다 생각하는 '많다'라는 나이 기준이 있습니다. 그것이 사회적 이유가 되어 많은 것을 포기하거나 체념하며 살아갑니다. 더 높은 곳으로 가기 위해 나를 돌아볼 여유가 없습니다. 모두가 그러하지 않지만 많은 사람이 그런 나날을 보내고 있습니다. 그러나 인생을 남들의 기준에 맞추지 않고 자신의 행복을 위한 일을 해 나간다면 새로운 자신의 모습을 마주할 수 있습니다. 늦었다고 생각하는 지금이 당신의 인생에서 가장 젊은 순간입니다. 그러니 두려워 포기하지 마시고 하고 싶은 일을 도전하시길 바랍니다.

이지은

20대에는 여행하는 모든 순간이 즐거웠다. 요즘은 여행 갈 날이 다가와도 덤덤하다. 해야 할 일을 끝내도 뭔가 터질 거 있는 불안감 때문일까. 그럼에도 불구하고 계속해서 어디론가 떠난다. 항상 지내던 곳에서 조금만 벗어나도 홀가분함을 느낀다. 일상과는 다른 환경에 있을 때의 그 긴장감 덕분일까. 색다른 풍경, 사투리나 외국어, 각 도시만의 냄새에 집중하다 보면 어느 순간 일상의 걱정은 사라진다. 여행의 추억으로 무료한 일상을 조금이나마 견뎌낼 수 있다. 모든 걸 홀홀 털고 잠시 떠나보자.

홍순옥

'내가 사랑한 여행, 떠나고 싶은 순간들'을 써 내려가며 '여행'이라는 단어가 특별하게 다가왔다. 사진첩처럼 한 장 한 장 기억 저편에 있던 여행의 장면들을 펼쳐보게 되었다. 단순하게 어디를 다녀온 이야기인 줄 알았다. 떠나있는 동안 더 많이 듣고 더 많이 느끼고 더 많이 알 수 있었다. 어쩌면 누군가의 기억 속에도 비슷한 장면이 하나쯤은 있지 않을까 싶다. 이 글을 읽는 독자들도 떠나고 싶었던 그 순간에 떠나야만 했던 이유가 따뜻하게 다가오길 바란다.